河合塾
SERIES

入試現代文

評論用語 絵じてん

伊藤氏貴
中崎 学
〔著〕

河合出版

まえがき

大学入試の現代文で出題される文章は、ほとんどが評論文で、その多くは非常に難易度の高いものです。

こうした文章を読解するためには、筆者の意図をさぐりつつ、文全体の論理構造をつかむ必要がありますが、それ以前に、そこで使われている単語の意味がわからなければ、正確な読解ができるはずはありません。

たとえば、次のような文章はどうでしょう。ざっとでいいので目を通してみてください。

科学は具体的な経験の一面を抽象し、抽象化された経験は他の同類の経験と関係づけられて分類される。このように抽象化され、分類された経験は、原則として、一定の条件のもとで繰り返されるはずのものである。従って科学は、法則の普遍性について語ることができるのである。たとえば一個の具体的なレモンは、その質量・容積・位置・運動等に還元されることによって、（その他の性質、たとえば色や味や産地や値段を捨象されることによって）、力学の対象となり、またその効用や生産費や小売価格などに還元されることによって、（その他の性質、たとえば位置や運動量などを捨象されることによって）、経済学の対象となる。力学や経済学は、具体的なレモンについてではなく、抽象化された対象について、その対象が従う法則をしらべるのである。

（加藤周一「文学の概念」）

これは、かつてセンター試験で出題された文章の中の一節です。どうでしょう。すぐに頭に入ってきたでしょうか。

冒頭の、「科学は**具体的な**経験の一面を**抽象し**」というところで、「**具体**」「**抽象**」という言葉は聞いたことがあっても、はたして「**具体的な**」という形容動詞や「**抽象する**」という動詞を知っていたでしょうか。あるいは「**普遍**」「**捨象**」「**対象**」などの意味をはっきりと理解しているでしょうか。

料理において、論理的な思考がレシピだとすれば、単語は食材です。どんな完璧なレシピを持っていても、材料がなければ料理は作れません。

英文解釈を考えてみてください。ある文章の文構造がわかったとしても、そこで使われている単語の意味を知らなければ、全体として何を言っているのかさっぱりわからないでしょう。それと同じことです。

しかも、英語の場合よりもっと怖いことがあります。英語なら、知らない単語が出てきたときにはきっと辞書を引くでしょう。でも、現代文の場合、日本語だからと考えて、よくわからない単語も、なんとなく前後の流れだけでわかった気になっていないでしょうか。

もちろん前後の文脈から意味を類推する力は重要ですが、それだけではどうしても正確な意味にたどりつけない単語、そしてこの語の意味がわからなければ文全体の意味さえ読みちがえてしまうというくらい重要な単語があるのです。

こうした重要語は、たんに辞書の意味を覚えるだけでは真に理解したとは言えません。その語の核となるイメージをつかみ、実際に文章の中でどのように使われるのかを知らなければ、「腑《ふ》に落ちた」とまで言うことはできません。

編者たちは、予備校の教室で受験生たちにこうした重要語を理解してもらうために、一語一語くわしく説明する時間をとってきました。そしてその際に、黒板に図や絵を描くことで、より深く理解してもらえるように努めてきました。

本書はそうした経験を元に、**これだけはどうしても「腑に落ちた」かたちで理解してもらいたいという重要語を図解したものです。**絵で鮮烈なイメージを持ち、また他の語と関連させて覚えることで、より深く理解し、かつより忘れにくくなるはずです。

本書で出てくる単語は、大学入試現代文の最新の傾向を踏まえた、非常に重要なものばかりです。まず本書を読んで語の意味をしっかり理解してください。そして、問題文を読んでいて意味のわからない単語に出会ったときには、辞書代わりとして使ってください。

本書の見方

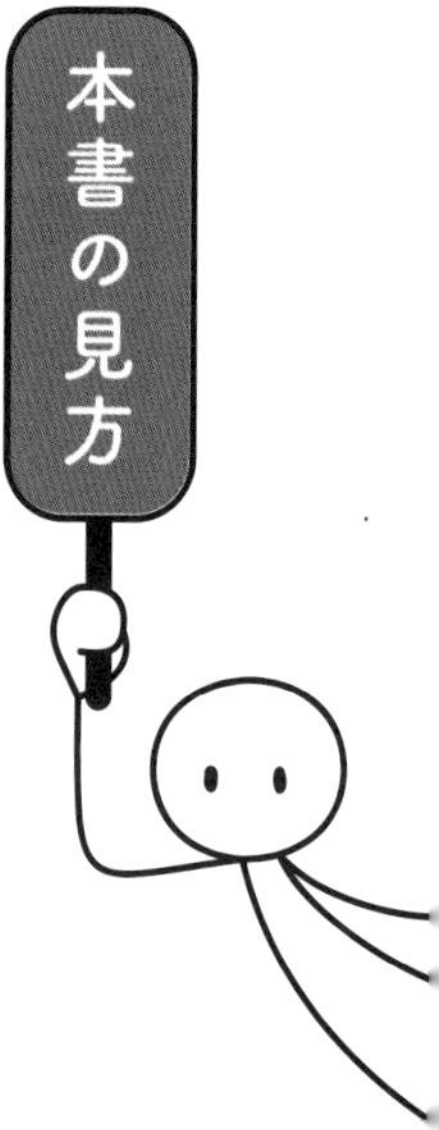

いっしょにマスターしよう！

「自律」と「他律」のように関連する語は［　］の枠に入れてまとめました。

人間
夏休み中
毎日30分
ジョギングする
やるぞー！

自律

自分で自分のルールを作ること。

【自律】

●「律」は、「法律」「規律」といった言葉からわかるように、「ルール」という意味です。したがって「自律」とは、自分で自分のルールを作り、自分で**主体的**（↓P35）にそれを守るということを指しています。

●同音の「自立」と混同しないようにしてください。

関連語・派生語

自立：他に依存せず、自分の力で立っていること。「ルール」のニュアンスがない点が、「自律」との違いです。たとえば、「経済的自立」などという形で用います。

54

関連づけて覚えよう！

見出し語に関連する語・見出し語から派生した語を載せました。あわせて覚えておきましょう。

実戦的な語意！

辞書とはひと味ちがう、入試現代文に即した実戦的な語意をコンパクトに示しました。

人間

他律

他人が作ったルールを受け入れる／押しつけられること。

夏休み中毎日30分
ジョギングすること
えー…

【他律】

● 「他律的なありかた」は、ネガティブなものとして描かれることが多いです。

● ただし、人間は一人では生きられない以上、つまり完全に「自律的なありかた」をつらぬきとおすことが不可能である以上、「自律」と「他律」をいかに調和させるかが問題になるという考えかたもあります。

用例

教育の目的は、子どもを他律的な状態から次第に自律的存在にしていくことにある。

わかりやすい例文！

見出し語の意味を理解するため用例文を載せてあります。

解説を読んで学ぼう！

語をさらにわかりやすく説明しました。
正確な読解に役立てるため、
評論文での使われ方を学んでください。

目次

言葉や文を絵にしてイメージしてみる、ということは時には意味をとらえるのに有効な手段となります。この本のイラストが読解の手助けになるとともに、みなさんが「絵に置き換えてみる」思考を手に入れてくれると、とてもうれしいです。

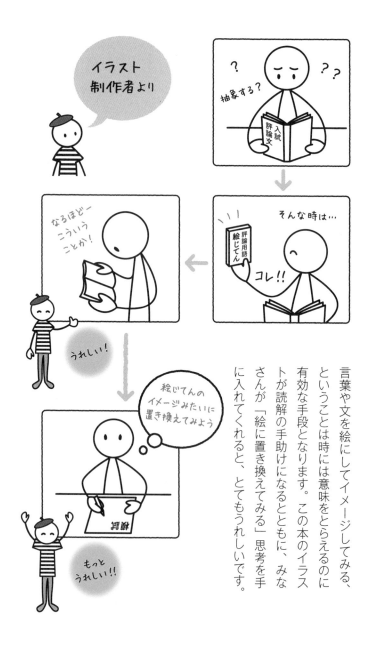

論理

一義（的）①

最も重要。

二義（的）

最も重要というわけではない。

【一義（的）①】

- 「一義」には二つの異なる意味があります。
- 一つめは〈最も重要〉という意味です。この意味では、しばしば「第一義（的）」という形で用いられます。

用例　一義（的）①

子育ての第**一義的**責任は親にある。

【二義（的）】

- 「一義」の①の意味の対義語になります。
- このときの「義」は〈大事〉の意です。
- 「二次的」「副次的」などと同じ意味で用いられます。
- しばしば「第二義（的）」という形で用いられます。

用例

発音の正確さは**二義的**なことであり、相手に意図が伝わればよい。

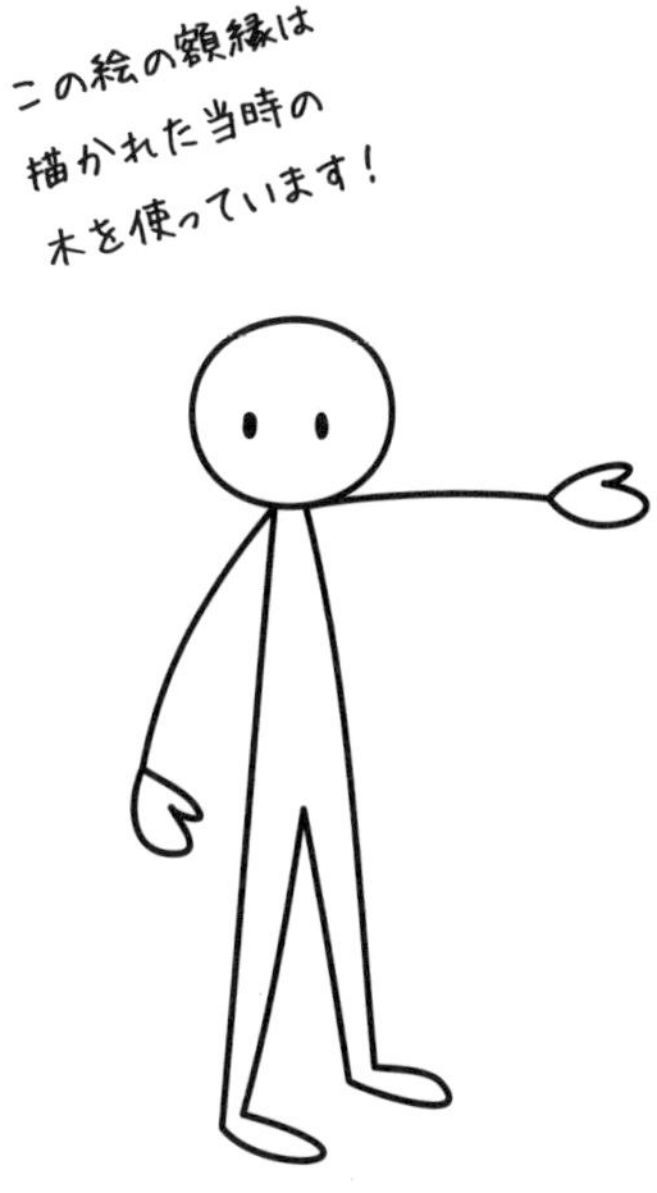
この絵の額縁は
描かれた当時の
木を使っています！

一義（的）②

②意味が一つしかない。

用例 法律の条文も、必ずしも**一義的**に解釈されるわけではない。

一義（的）②

両義（的）

（相反する）二つの意味を持つ。

用例 どんな良い薬でも飲みすぎれば毒になるように、薬は**両義的**存在である。

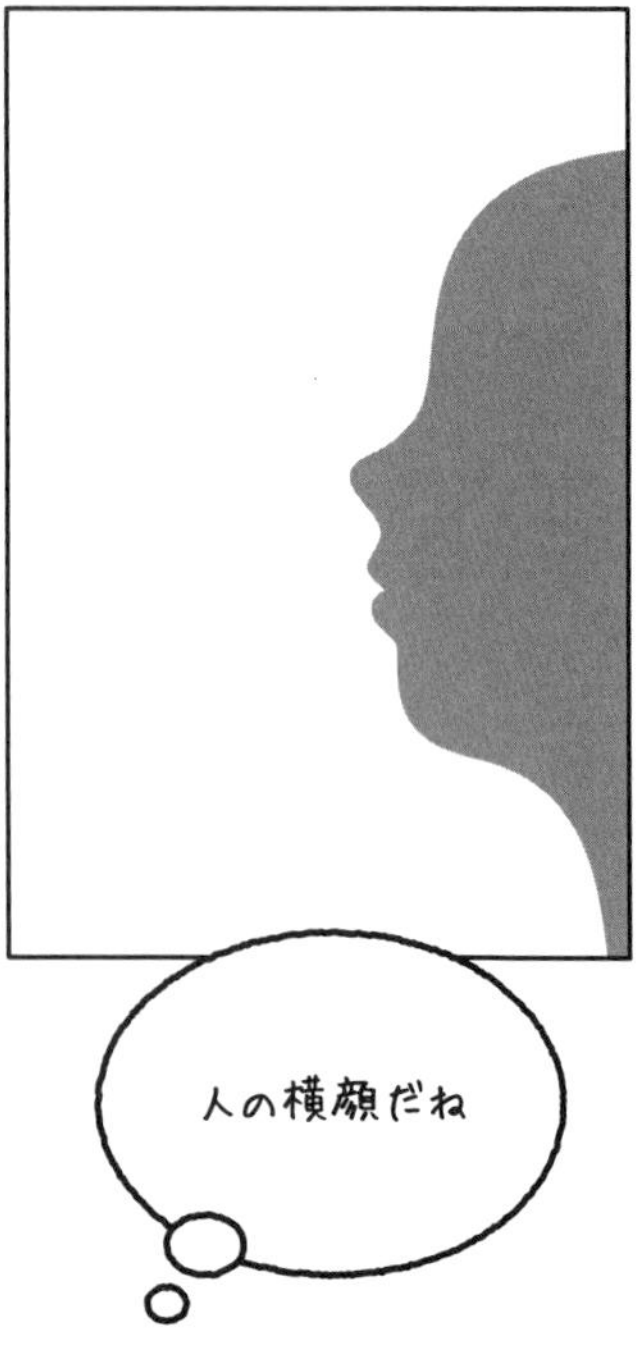

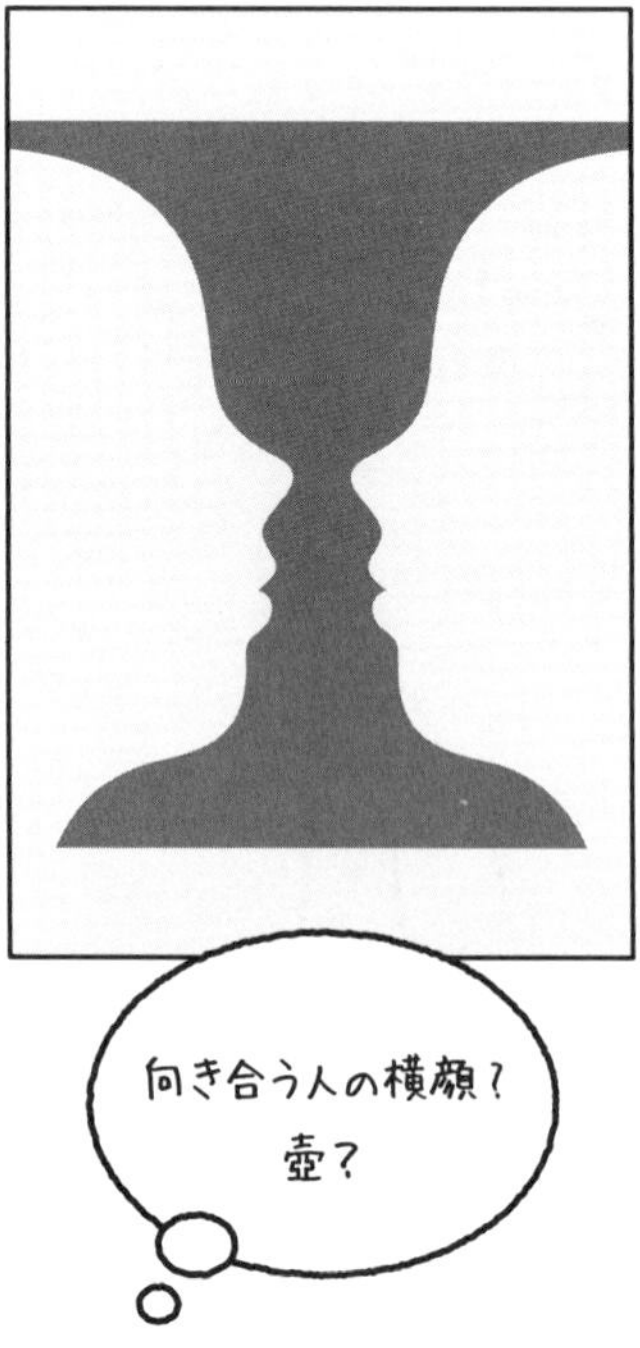

多義（的）

異なるさまざまな意味を持つ。

用例
「玄」は**多義的**な漢字で、「暗い」「黒い」「北」「かぼそい」など様々な意味がある。

【一義（的）②】
- 〈意味が一つしかない〉ことをあらわします。

【両義】
- 「一義」の②の意味の対義語になります。
- たんに〈意味が二つある〉という場合と、〈相反する意味を持つ〉という意味になる場合があります。

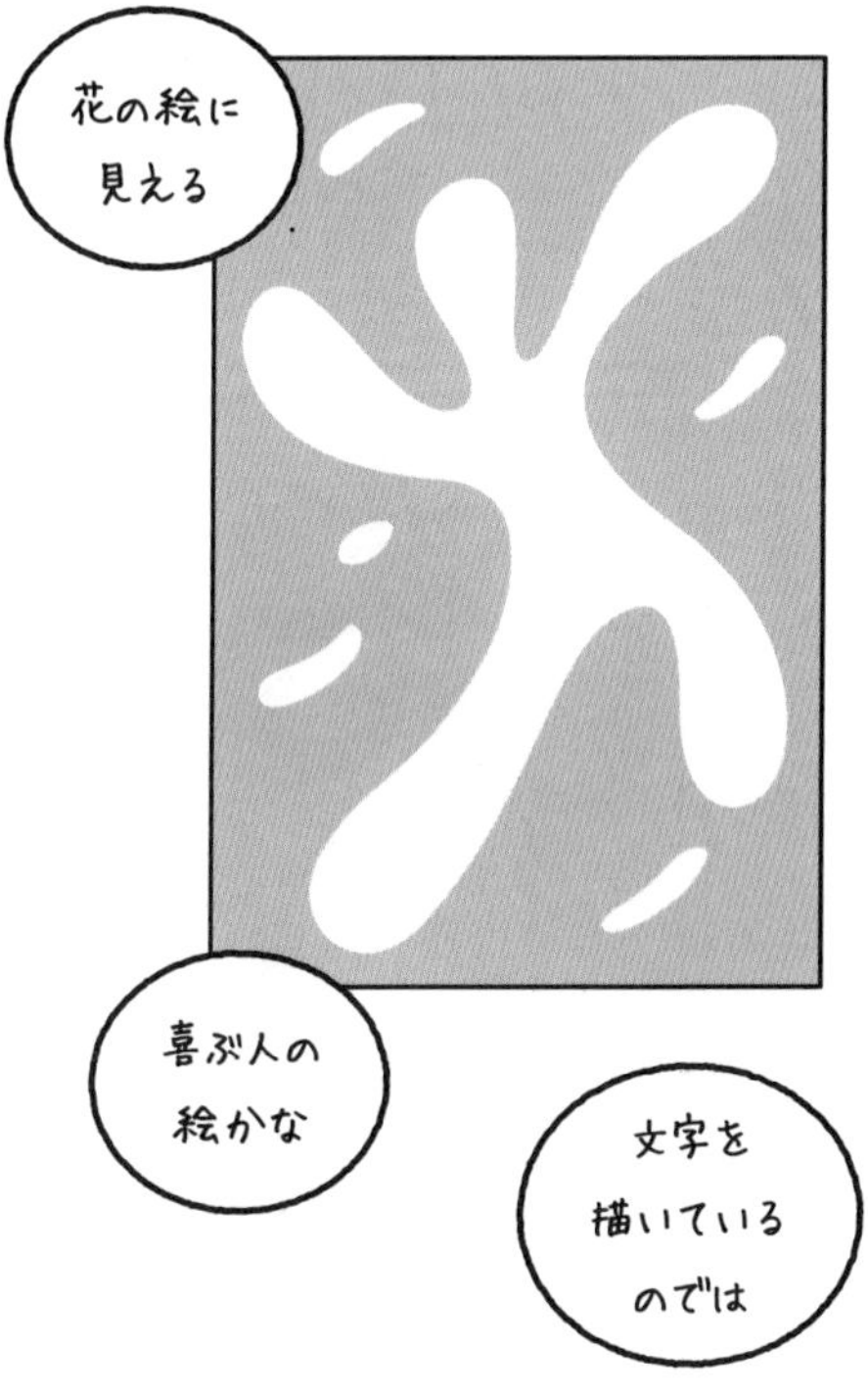
花の絵に見える
喜ぶ人の絵かな
文字を描いているのでは

【多義】
- 「一義」の②の意味の対義語になります。
- たとえば、「スマホを持ってきて！」という場合、スマホ以外のものを持ってくる人はいませんが、「誠意を見せろ！」という場合、謝罪や金銭や約束など、さまざまな対応がありえます。「スマホ」は「一義的」、「誠意」は「多義的」だと言えます。

デジタル

数値で計量・表示するしかた。

アナログ

数値化せずに表示・評価するしかた。

【デジタル】

●あるものの状態を、数値で計量したり表示したりするやりかたを「デジタル」と言います。

●デジタルの特徴は、**一義的**（→Ｐ14）で**合理的**（→Ｐ126）なことです。たとえば成績をデジタルで表示したものが偏差値ですが、志望校と自分の成績の差が、誰にでも明瞭にわかり、それを基盤に効率的に勉強の計画を立てることができます。

●一方で、デジタル化が進みすぎると、非人間的な状況を招きかねないことにも注意が必要です。ＡＩ（人工知能）の急激な発達によって、多くの人間から仕事や思考が奪われたり、ＡＩに人間が支配されたりするという警告は、そうした事態を憂慮したものです。

用例

時計を**アナログ**式から**デジタル**式に変えたら、時刻は見やすくなったが、残り時間がわかりにくくなった。

【アナログ】

●あるものの状態を、「連続量〈数値以外と考えてさしつかえありません〉」で表示したり評価したりするやりかたを「アナログ」と言います。

●アナログの特徴は、デジタルと対照的に、**多義的**（→Ｐ15）なことです。たとえば偏差値を使わずに成績について語ろうとすれば、「数学がイマイチだね」といったものになるでしょう。しかし、「イマイチ」がどの程度を指しているのかは、人それぞれによって受けとめかたが異なります。

●**合理性**と効率を重んじる現代社会においては、アナログの**多義性**を〈あいまいで非合理なもの〉として疎《うと》んじる傾向が強まっています。

●しかし、人間の感情や芸術の想像力は数値化できず、アナログ的なものは、人間の本質をなしています。

関連語・派生語

アナロジー：類推。類比。似ているものをつなげて考えること。たとえば、アナログ時計における針の円運動は、太古から人間が時間の移ろいを感じとってきた太陽や星の円運動のアナロジーとなっています。

一元

すべての事象が一つの原理／価値観から成り立っていること。

二元

すべての事象が（相反する）二つの原理／価値観から成り立っていること。

【一元】

●「一元」だけなら右のような意味ですが、多くは「一元的」「一元論」などの形で用いられ、このときは〈すべての事象をただ一つの原理／価値観から考えること〉という意味になります。

●たとえば、「この世界はすべて一人の神様が作ったものだ」と考えるのが「一元論」です。

●ただし、右の考えに基づくと、「どうして善なる唯一の神様が悪に満ちた世界を作ったのだろう」という疑問も生まれます。

【二元】

●よく使われる「二元的」「二元論」は〈すべての事象を異なる二つの原理／価値観から考えること〉ですが、この〈二つの原理〉は〈相反する〉ものであることが多いと覚えておきましょう。

●たとえば「善悪二元論」ならば、この世界には神と悪魔がもともといて、この両者が争っているのが現世だということになります。これならば、この世に悪がはびこる理由も説明できます。

●他に、〈精神と身体とはまったく別の存在である〉とする「心身二元論」もよく出てきます。

用例

精神と肉体とをまったく別のものと捉える心身**二元**論と異なり、「病は気から」という考えかたは、精神と肉体を**一元**的に捉《とら》えていると言える。

多元

事象がさまざまな異なる原理／価値観から成り立っていること。

●異なる事象を説明するときに、無理に一つか二つの原理／価値観に押し込めず、さまざまな原理／価値観を認めていこうとする立場を「多元的」「多元論」と言います。

●たとえば世界のさまざまな宗教は、互いに絶対に相容《い》れない教義や価値観を持っていますが、それでも同じ社会で生きていくために相手を認めようとする態度は「多元的」と言えます。多様な文化の共存を認めようという「**多文化主義**（→P139）」は、こうした世界の多様化のなかで生まれてきた考えかたです。

用例

すべての人間を善人と悪人とに分ける**二元的**な考えかたでは、世の中の**多元的**で複雑な現実を見通すことはできない。

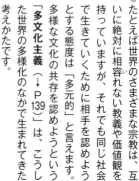

カテゴリー／範疇《はんちゅう》

共通する要素に基づくグループ・分類。

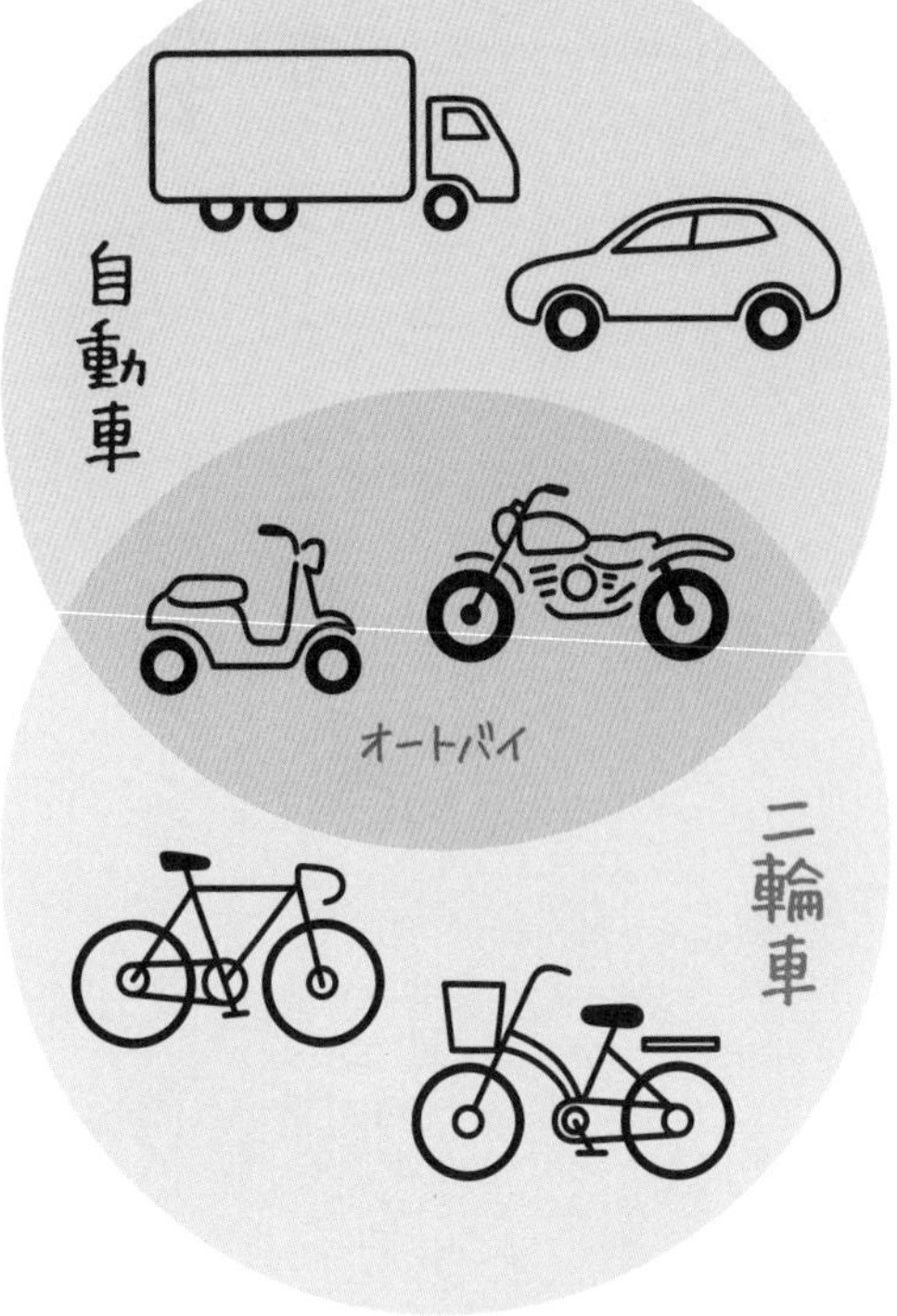

- 〈同じ性質を持つものの範囲〉が一つの「カテゴリー＝範疇」となります。
- このカテゴリーにまとめることを「カテゴライズ（する）」と言います。
- カテゴリーは**絶対**（→P22）的なものではなく、なにを共通要素とするかによって、あるものが異なる複数のカテゴリーに属することもありえます。

用例

スイカは野菜と果物のどちらの**カテゴリー**なのかわかりづらい。

関連語・派生語

カテゴライズ：同じ性質を持つものを括《くく》ってグループを作ること。

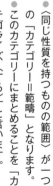

絶対

選択肢が一つしかないこと。

相対

選択肢が複数あること。
他との関係において成り立つこと。

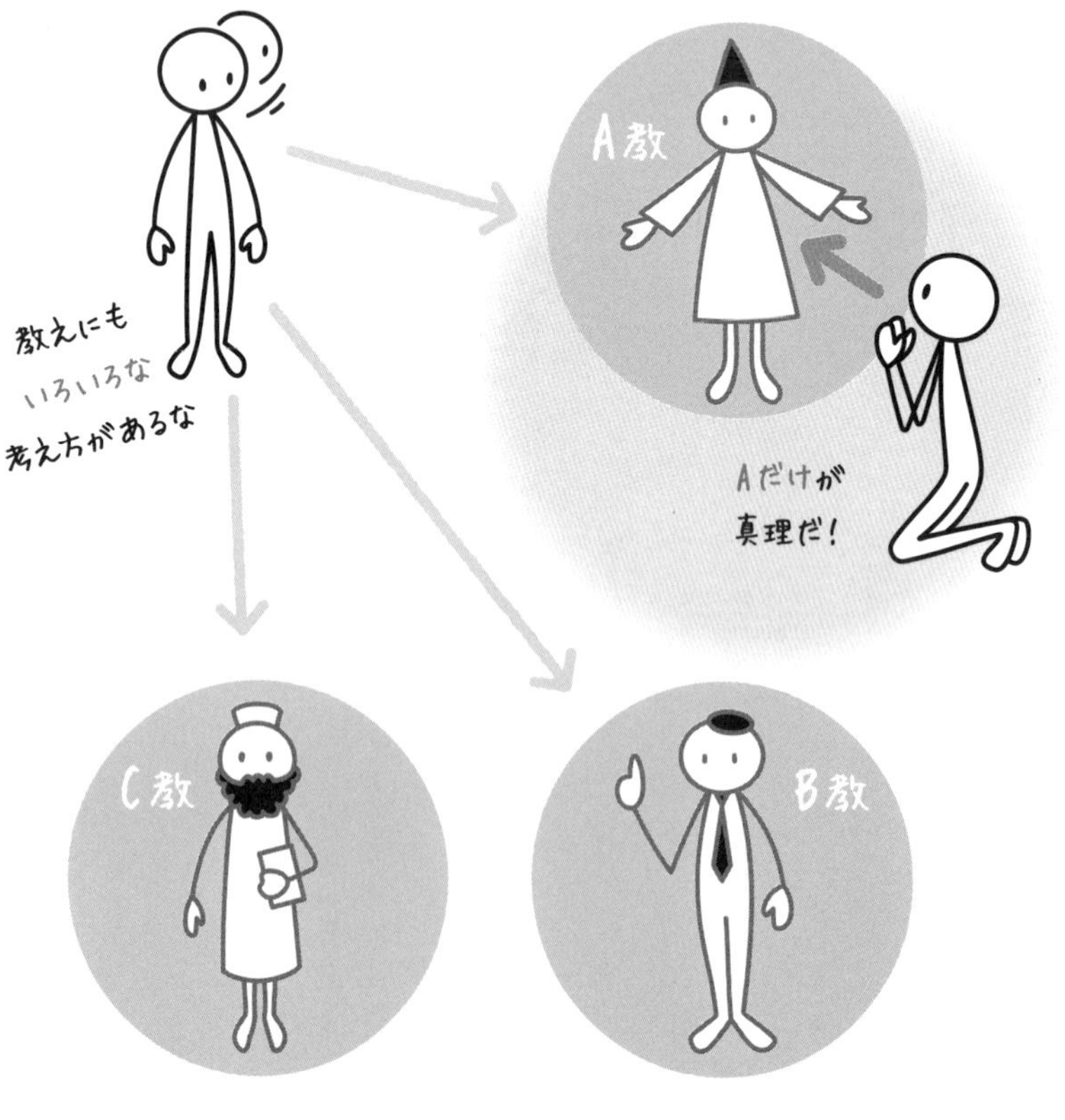
教えにも
いろいろな
考え方があるな
A教
Aだけが
真理だ！
C教
B教

【絶対】

●「対」は、「対面」「対案」「対立」などといった言葉で用いられることからわかるように、〈比較したり、対立したり、選択したりする相手〉を指しています。そういった〈対＝相手〉を「絶つ」ということが、「絶対」の意味になります。

●問題に対して答の選択肢が一つしかない状況をイメージしてください。選択肢が一つしかないので、それを選ぶほかありません。たとえば、「教祖を絶対化している／絶対視している／絶対的存在とみなす」とは、教祖の言うことだけを唯一の真理として受け入れることを指します。

●「絶対的エースは一人しかいない」といった形で覚えてもいいでしょう。

【相対】

●「相」は、「相対《あいたい》する」「相思相愛」などといった言葉で用いられることからわかるように、〈共にある〉といった意味を持っています。したがって「相対《そうたい》」は、〈対＝相手と共にあるという関係性〉を指しています。

●「絶対化／絶対視」していたものを「相対化／相対視」するということは、選択肢が一つしかない状態から、複数の選択肢を視野に入れる状態に移行することを指します。たとえば「教祖を相対化する」とは、それまで絶対の真理ととらえていた教祖の言葉を、教団外の人の言葉と比べてみることで、つまり選択肢を複数化することによって、「この人の言っていることはいかがわしいのでは？」と冷静にとらえなおすことができるようになることです。

用例

成績を表すのに、他人の成績に関わりなく自分の点数を示すものを**絶対**評価と言うのに対し、他人の点数との比較をもとにした偏差値を用いるものを**相対**評価と言う。

具体／具象

（それぞれのモノが）はっきりした形・特徴を持っていること。現実的であること。

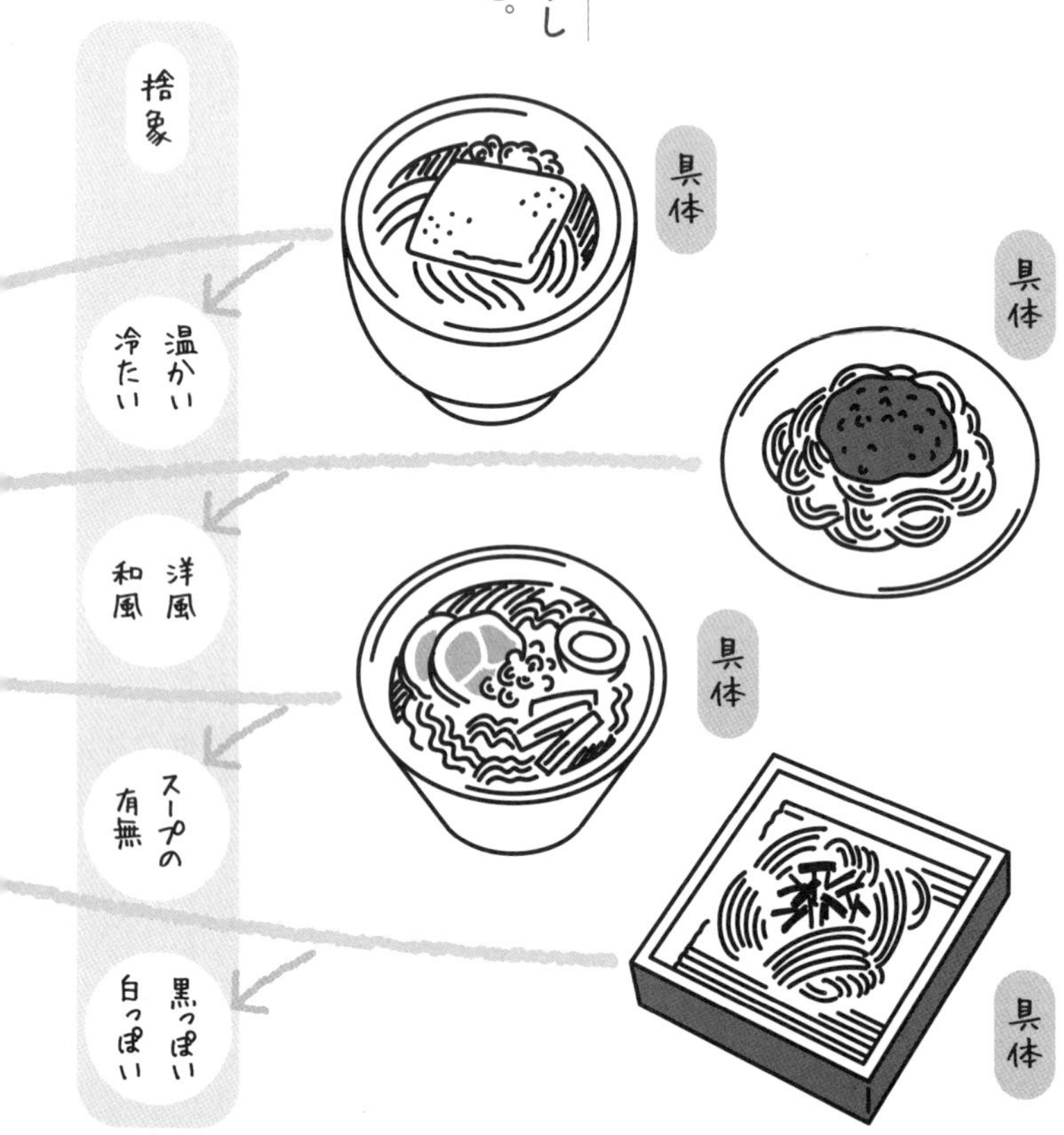
具体
具体
具体
具体
捨象
温かい
冷たい
洋風
和風
スープの
有無
黒っぽい
白っぽい

抽象

それぞれのモノから、共通する性質を抜き出すこと。

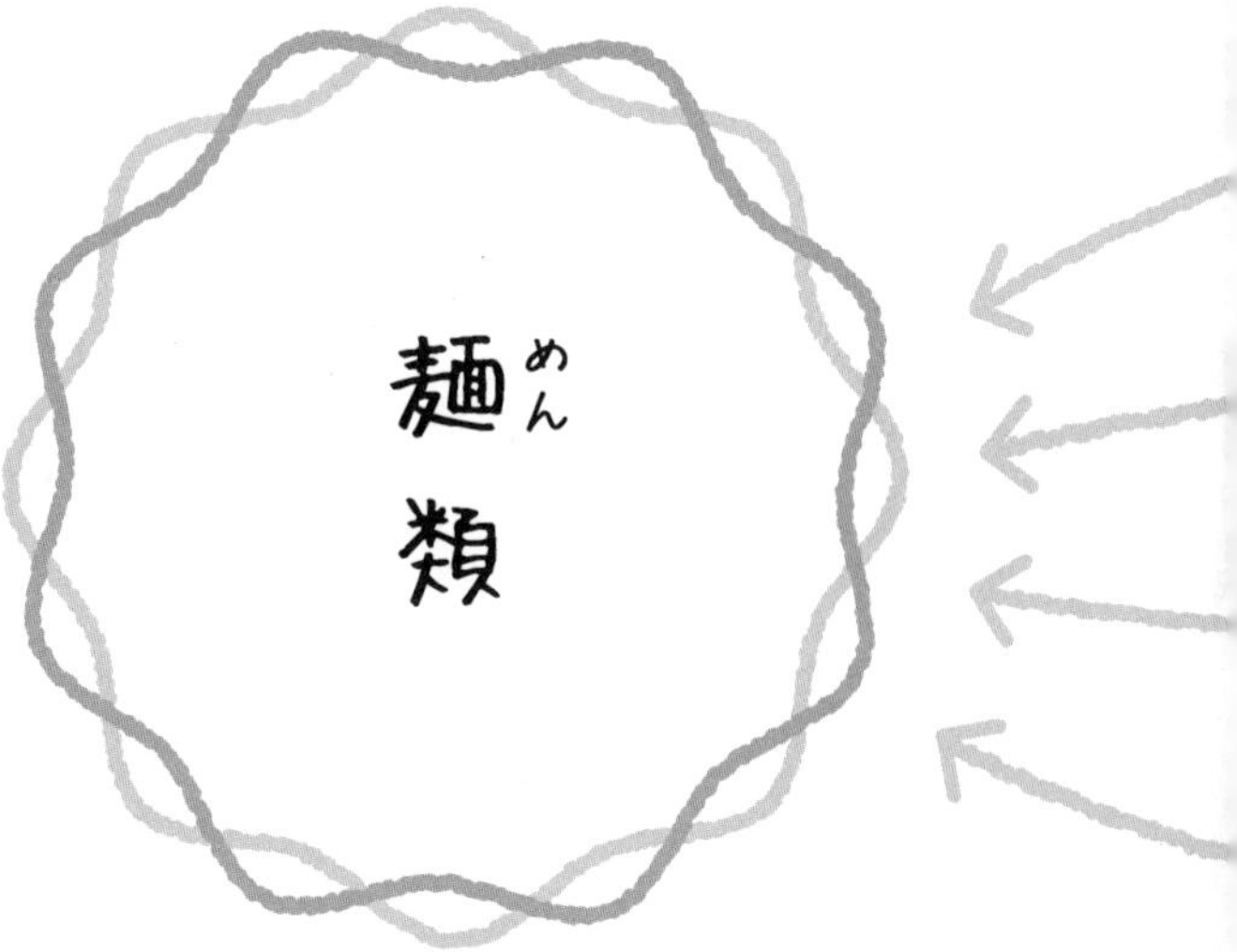

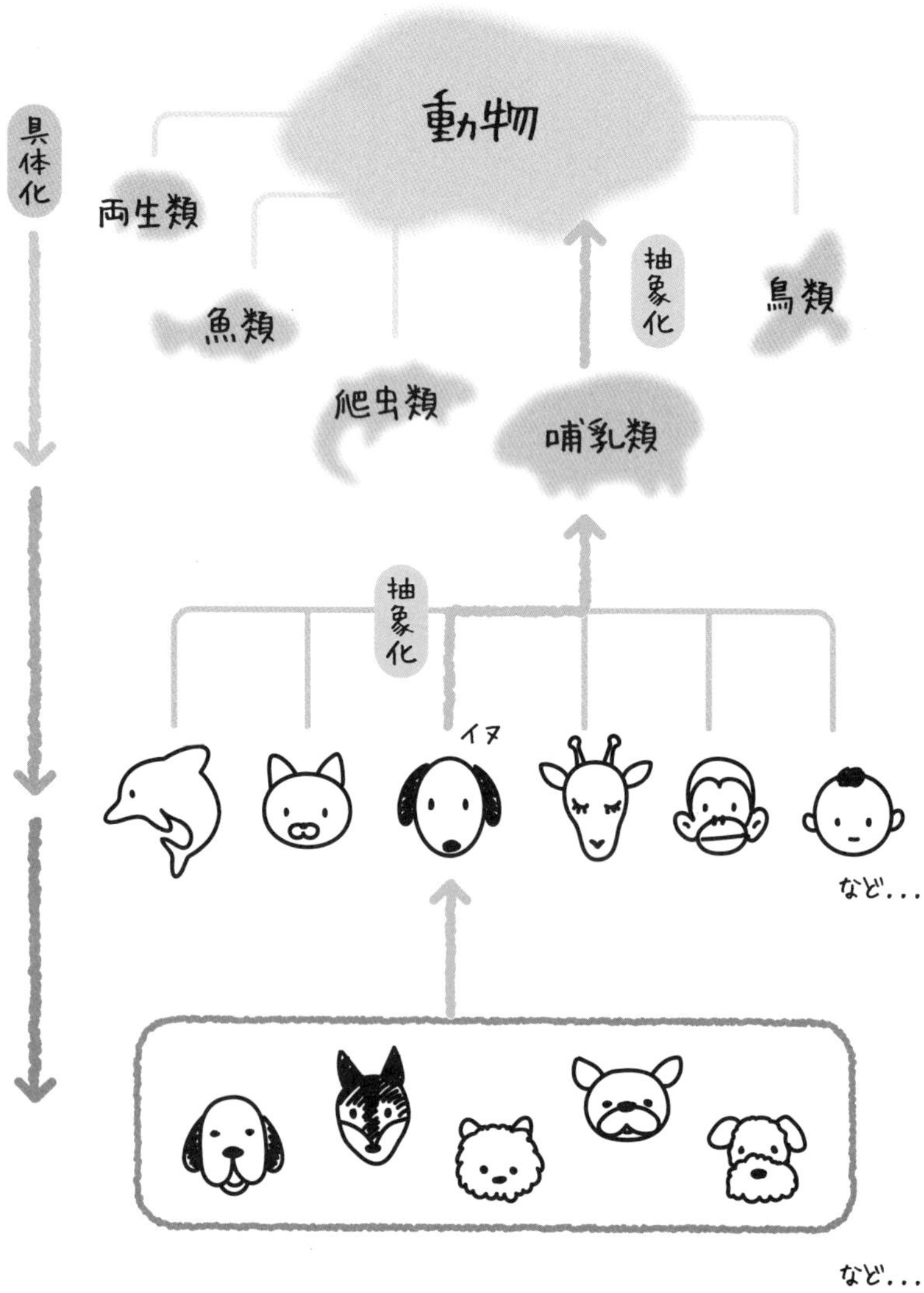
動物
具体化
両生類
魚類
爬虫類
哺乳類
抽象化
鳥類
抽象化
イヌ
など...
など...

【具体】

●「具体」の字義は〈目に見える姿・形（＝体）を具《そな》えている〉ということです。

●また、目に見える姿・形があるということは、現実に存在するということでもあり、「具体」とは〈現実に即していること〉という意味でも用いられます。

●形があり、見たり触ったりできるものは皆「具体的」なものと言えます。

●モノの一つひとつは異なる姿・形を具えているので、この点に注目すると、「具体」は〈個別〉や〈特殊〉といったことと関係を持つことになります。

関連語・派生語

具体的：明確な形を持っている。わかりやすい。
具現：明確な形をもって現れる／現すこと。
抽象的：一般的である。具体性を欠き、わかりづらい。
捨象：一つの要素に注目するとき、他の要素を無視すること。

【抽象】

●「抽象」とは、〈モノ同士の間に共通項を見出し、それを抽《ひ》き出すこと〉を言います。

●このとき、それぞれのモノに**個別**の（＝特殊な）要素は切り捨てられることになり、このことを「**捨象**」と言います。「抽象」と「捨象」はコインの裏表です。

●抽象化されたものは、より**普遍**的・一般的になると言えます。

●抽象すること、すなわち「抽象化」は一回かぎりで終わりではなく、何度も繰り返し行うことができます。抽象化されたものと他のものとの間に共通項が見出されれば、それをさらに抽象することができます。（P26の絵を見てください）

●逆に、抽象的なものに、個別の特徴を与えることを「具体化」と言います。

用例

算数の文章題でしばしばリンゴが出てくるが、大抵その**具体**的な色や重さは捨象され、個数だけが**抽象**されるのが普通である。

演繹《えんえき》

ある法則や前提から、個々の事象を説明すること。

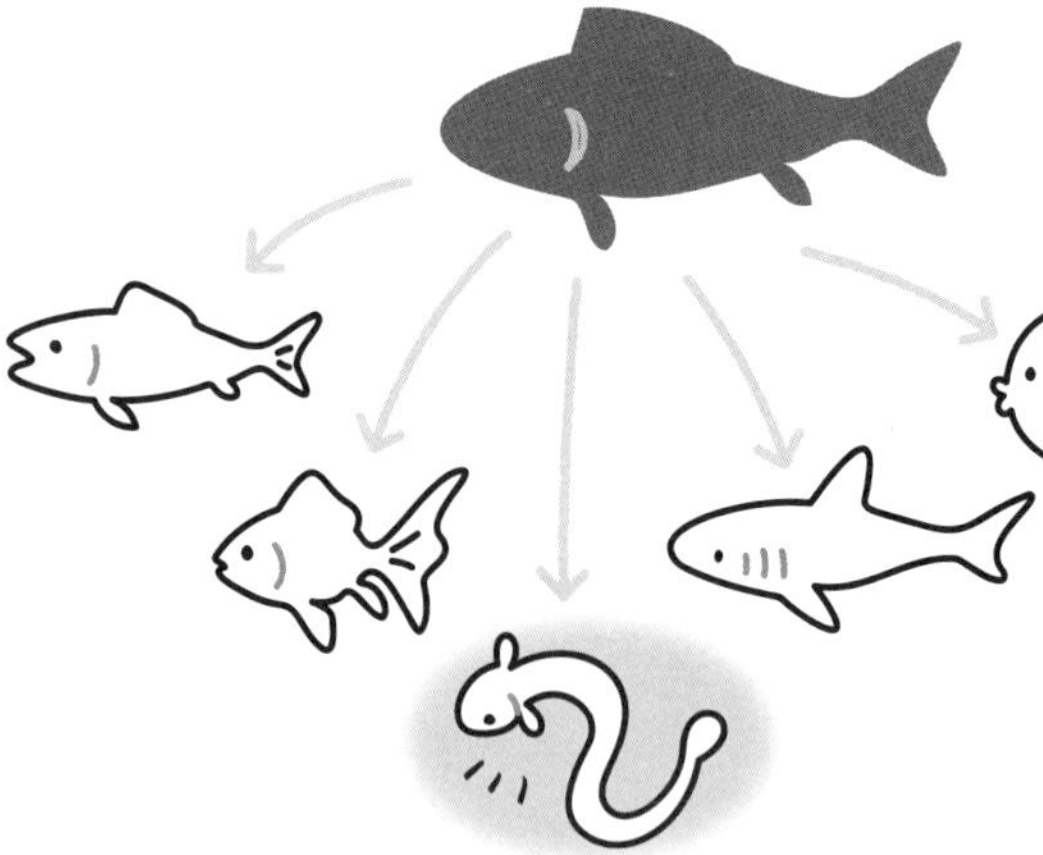

帰納《きのう》

個々の事象から一つの原理／法則を導き出すこと。

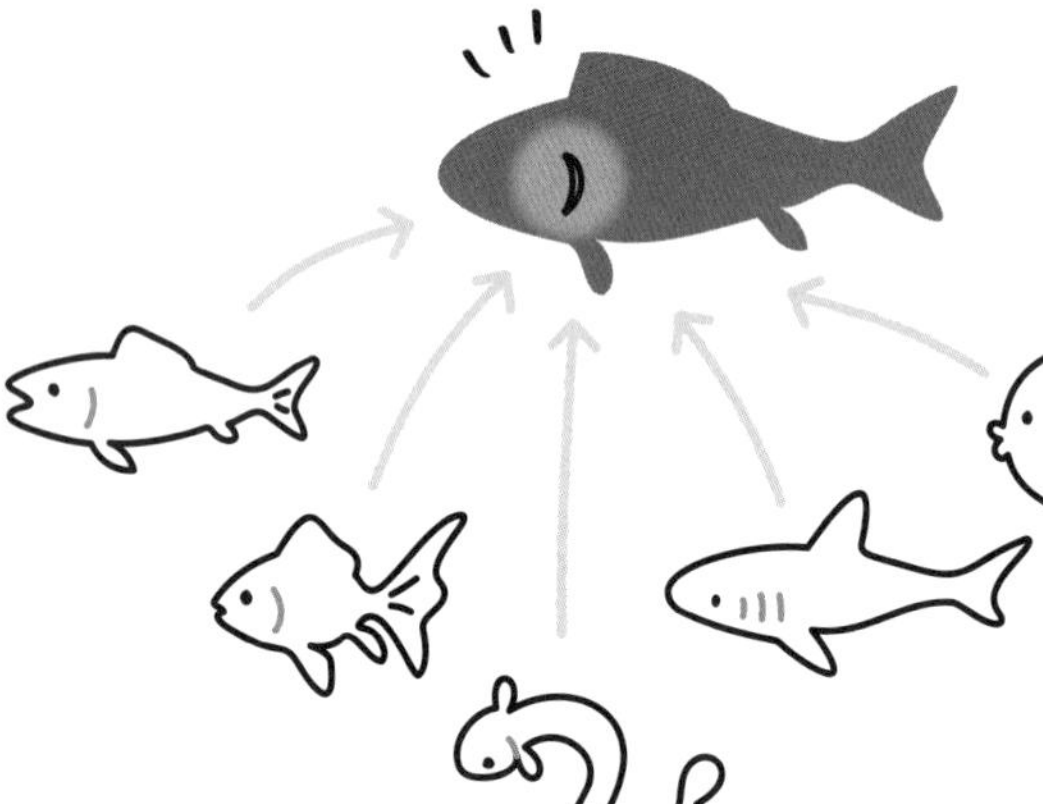

【演繹】

- 一般的な原理／前提から、個別の具体的な事象を推論する方法のことです。「**抽象**」→「**具体**」という関係になります。
- 前提が正しいかぎり、演繹によって導かれる結論もつねに正しいと言えますが、前提が間違っていれば、結論も正しいとは言えなくなります。

用例

「魚類はえら呼吸をする生き物」という定義から**演繹**すると、ウナギも魚類になる。

関連語・派生語

三段論法：二つの前提（大前提・小前提）から、一つの結論を導き出すこと。「三段論法」は、演繹法の一種と言えます。たとえば、前提①「すべての人間は死ぬ」＋前提②「ソクラテスは人間である」→結論「ソクラテスは死ぬ」というような場合です。

【帰納】

- 個々の具体的な事象から、一般的な原理／法則を推論する方法のことです。「**具体**」→「**抽象**」という関係になります。
- 演繹と異なり、帰納法には絶対正しいと言える根拠はありません。**具体**例に依拠するかぎり、必ず例外が存在しうるからです。
- ですが私たちは生活のやりかたで、帰納的な推論を日常的に行っています。たとえば、血液型で人の性格を判断するようなことも、経験に基づいた帰納的な推論と言えます。

用例

フグもサメもサバも金魚もウナギもえら呼吸をするので、そこから**帰納**的に考えると、魚類はみなえら呼吸をすると言える。

普遍 □

いつでもどこでも当てはまること。

≒ 一般

広く全体に当てはまること。

特殊 ○

限られたものだけにしか当てはまらないこと。

＝

個別 ●

そのものだけにしか当てはまらないこと。

【普遍】

●「普遍」の「普」も「遍」も「あまね（く）」と読み、「広く」を意味します。つまり、「普遍」はもともと「広くすべてに当てはまる」という意味です。

●ただし、「広く」はただ空間的な意味だけでなく、時間的な意味にも拡大され、「普遍」と言えば「いつでも（時代を問わず）どこでも（場所を問わず）当てはまること」を意味します。

●完全に「普遍」的なものと言えるのは、たとえば数学の公理や科学の法則などです。これらは、それぞれのモノの**具体**（→P24）的な個性を「**捨象**」（→P27）して、すべてに共通する要素を「**抽象**」（→P25）しているから、「普遍」的なものになるのです。

【一般】

●「普遍」とほぼ同じ意味で用いられますが、「一般」は多少の例外を許容します。

●日常的には〈普通の〉という意味で用いられる語ですが、評論では「普遍」に近い意味で用いられることが多いことも押さえておきましょう。

●たとえば「一般人」は〈普通の人〉という意味ですが、評論で「人一般」と言えば〈人間という存在は皆〉という意味になります。

【特殊】

- 日常的には〈風変わりな〉〈特別な〉という意味で用いられることの多い語ですが、評論では〈限られた範囲だけにしか当てはまらない〉という意味で用いられるので注意が必要です。
- 「特殊」の例として挙げられるのは、たとえば食文化のように時代や社会によって異なる営みなどです。

用例　普遍・特殊

人の人生は一人ひとり**特殊**なものだが、その誰にでも死は**普遍**的に訪れる。

【個別】

- 「個別」は、〈そのモノだけにしか当てはまらない〉という意味です。

用例　一般・個別

一般的に少子化が進んでいるのはたしかだが、**個別**に見ていかなければその原因は究明できないだろう。

主観

対象を認識する側の意識。
自分自身の個人的な考え。

お…
おもい…

客観

主観により認識されるもの＝客体＝対象。

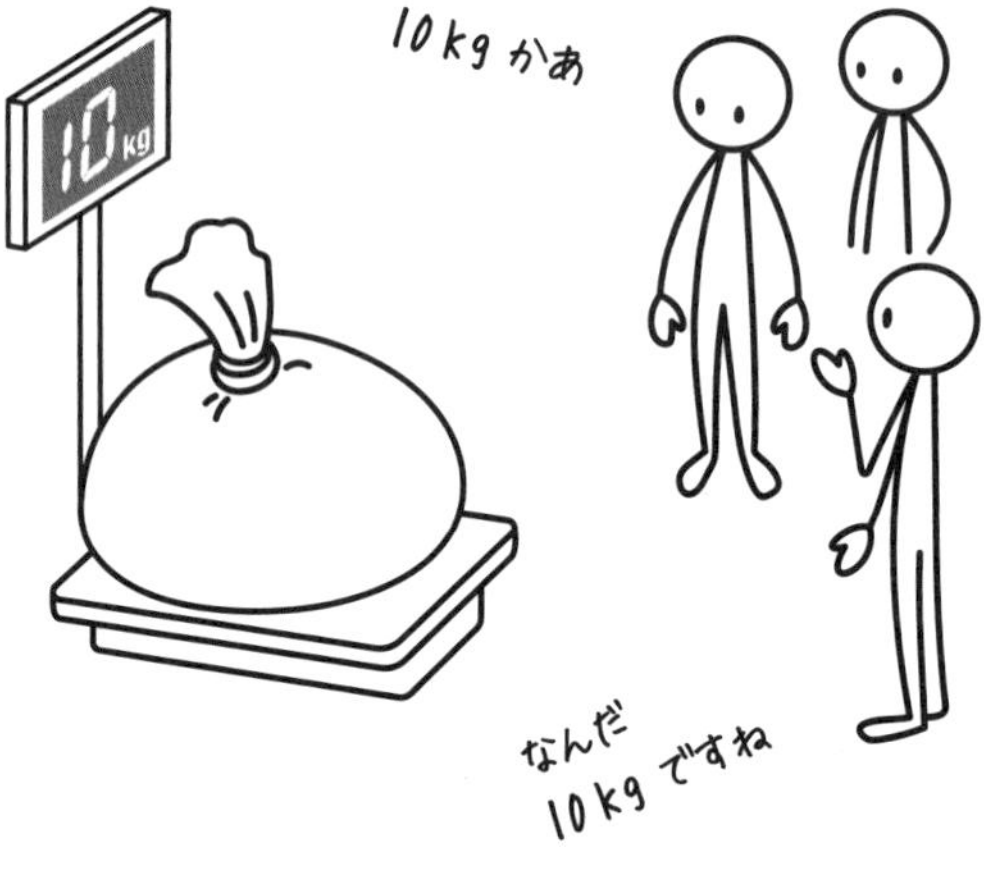
10kg
10kgかあ
なんだ
10kgですね

【主観】

● 「主観」の字義は「観る主」であり、〈モノ（対象）を認識する（＝知ったり理解したりする）さいの自身の意識／見かた〉を言います。

● この意識／見かたは人それぞれ異なりますので、議論するときの根拠としては弱く、たとえば、「それはあなたの主観だ」と言われると、〈個人的な考えにすぎない〉というニュアンスになります。

● 「**主体**」も同じ「subject」という英語からの訳語です。

関連語・派生語

主体：対象／外界を認識し、自らすすんで行為するもの。〈認識する〉という意味の強い「主観」と違って、〈行為する〉というニュアンスが加わります。

主体的：自らすすんで行動するさま。

主観的：自分だけの個人的な考えによる。

【客観】

● 「客」とは〈相手〉という意味で、「客観」の字義は〈観る相手〉ということです。

● 「主観」という〈観る側の意識〉の外部に自立的に存在するものとして、〈誰にとっても同じ事実〉という意味も持ちます。

● 「**客体**」「**対象**」も同じ「object」という英語からの訳語です。

用例

ある虫が害虫か益虫かというのは**客観**的な区別ではなく、人間の側の**主観**に基づくものにすぎない。

関連語・派生語

オブジェ：（主観による意味づけをともなう前の）モノ。

対象化＝客体化＝客観化＝客観視：物事を自分から切り離して、冷静に見ること。

間主観

複数の主観の間で共有されている意識／見かた。

なぜか
心にグッとくる
美しい絵だ
色彩が
美しいな
素晴らしい
この表情が
斬新で美しい

●複数の主観の間で共有されている意識／見かた。一人の「主観」に比べれば個人的な偏りは減るが、〈誰にとっても同じ事実〉である「客観」的とは異なります。

用例

「美」の基準は皆が美しいと思うかどうかという**間主観**的なものであり、客観的事実ではありえない。

弁証法

対立する二つの事柄を、より高い次元で総合すること。

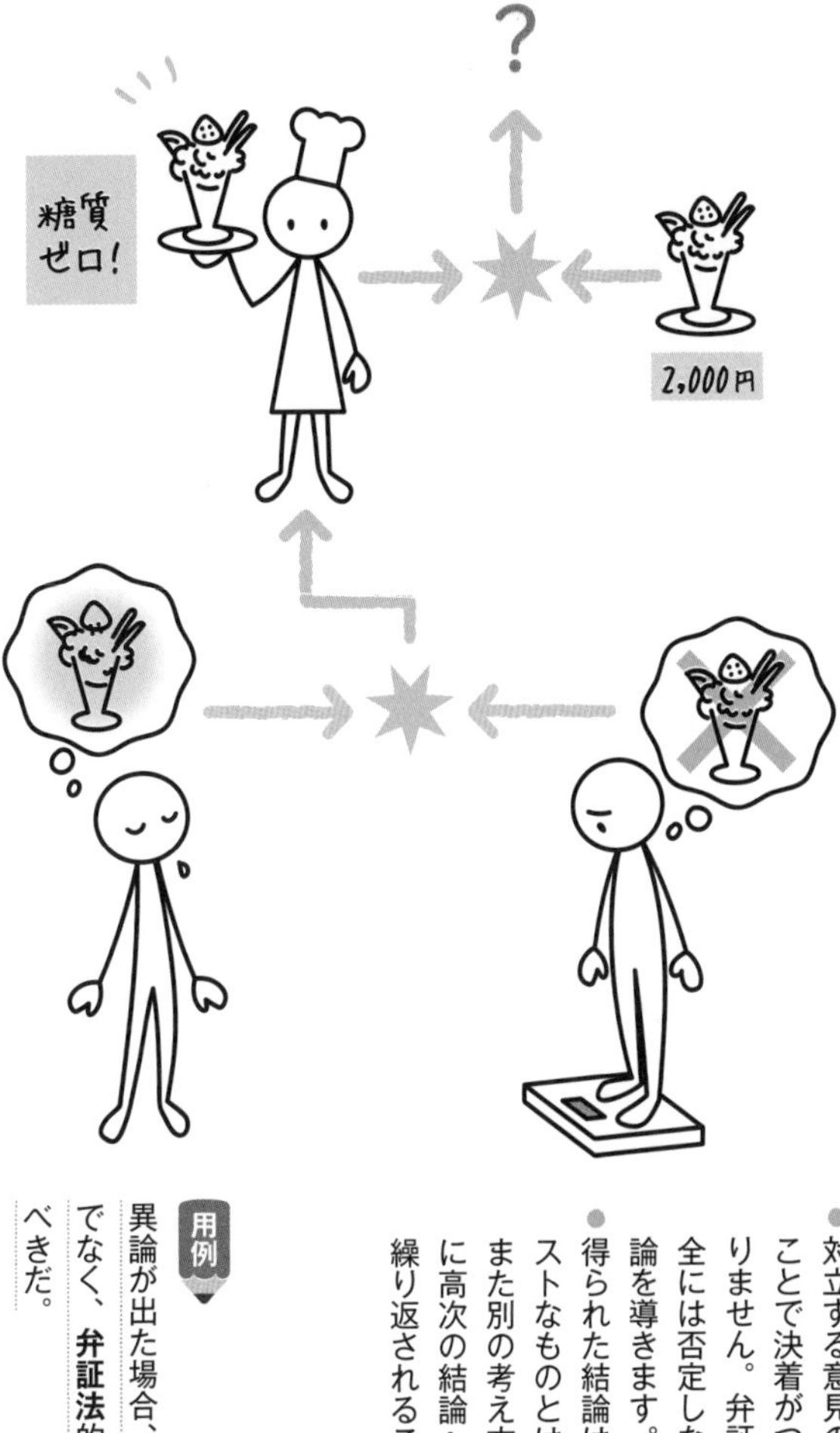

●もともとは「対話の技術」を指す言葉でしたが、評論では〈矛盾する事柄を結びあわせ、より高い結論を導くこと〉という意味で用いられます。

●対立する意見のうち、一方が勝利することで決着がつくことは弁証法ではありません。弁証法は両者のどちらも完全には否定しない形で、より優れた結論を導きます。

●得られた結論は、必ずしも最終的にベストなものとはかぎりません。それがまた別の考え方との対立を経て、さらに高次の結論へと至る弁証法の運動が繰り返されることになります。

用例

異論が出た場合、たんに勝敗を決めるのでなく、**弁証法**的な発展的解決を求めるべきだ。

分析

物事を細かく分けて調べること。

【分析】

- 「分」は〈分ける〉、「析」も〈割《さ》いて明らかにする〉という意味で、〈複雑な事柄を細かく分けて一つずつ明らかにする〉という意味になります。
- 細かい部分のことはよくわかっても、全体のことはかえってわかりづらくなるという欠点もあります。
- 事物を分子や原子に細かく分けてとらえようとする科学の方法などが典型的な「分析」です。

関連語・派生語

還元：「物事を元の状態に戻すこと」がもともとの意味ですが、評論では「物事を単純化する」といった意味で用いられることがあります。たとえば「政治的な問題を、金銭の問題に還元する」など。

総合

バラバラな物事を組み合わせて理解しようとすること。

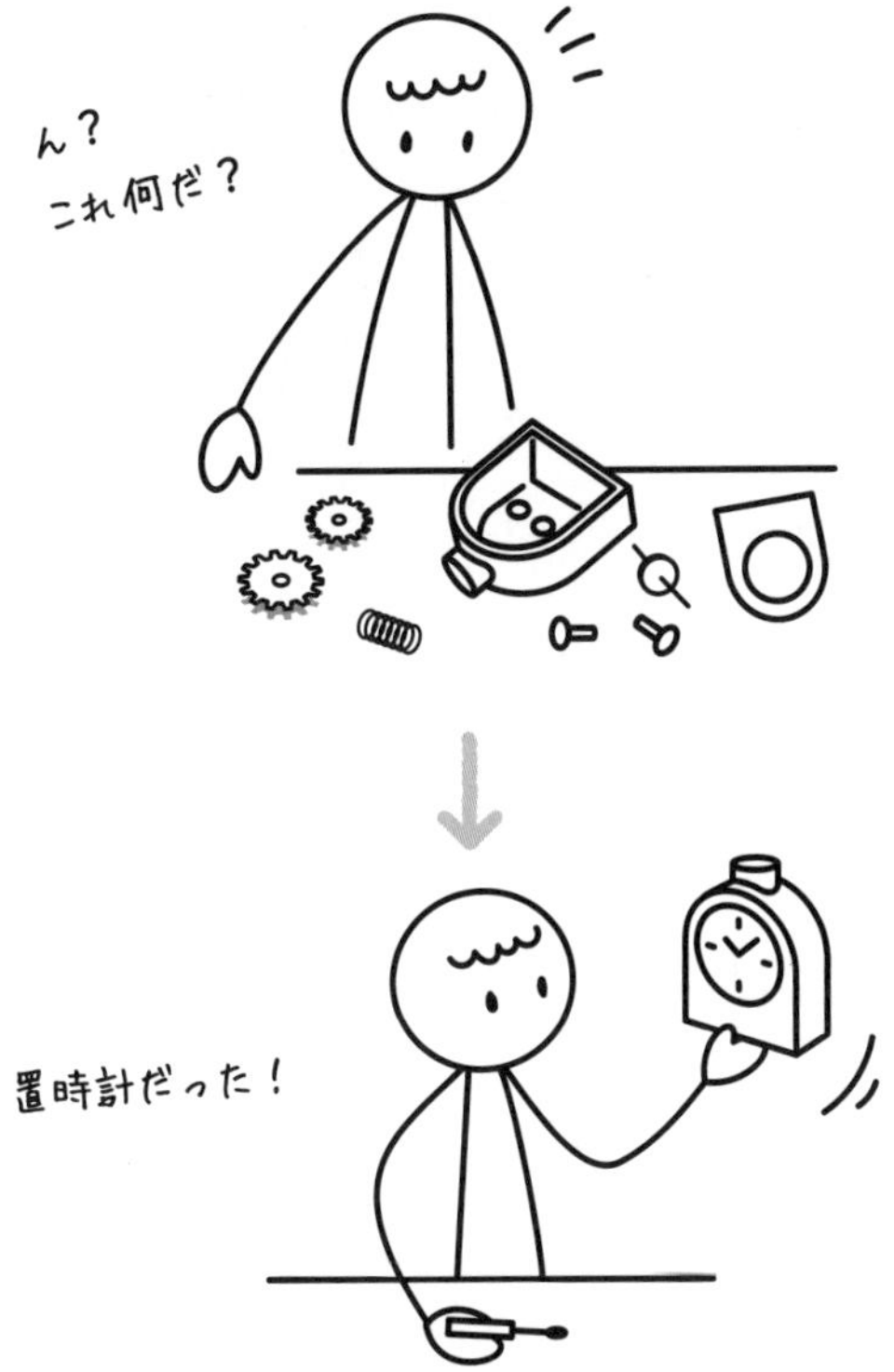

【総合】

- 「総」は〈すべて〉、「合」は〈あわせる〉で、〈個々別々の物事を一つにまとめ、全体として考える〉という意味になります。
- たとえばレストランの良し悪しが点数で表されているときなどは「総合的」な評価になりますが、それだけでは、料理の味なのか値段の安さなのかなど細かなことがわからないという欠点もあります。
- 作品全体を一気に直観するような芸術家の創造行為などは、「総合」の好例と言えるでしょう。

用例

物事を**分析**するのは重要だが、分けた部分を**総合**しなければ、全体を理解することはできない。

微視的

近くから細部を見ること。

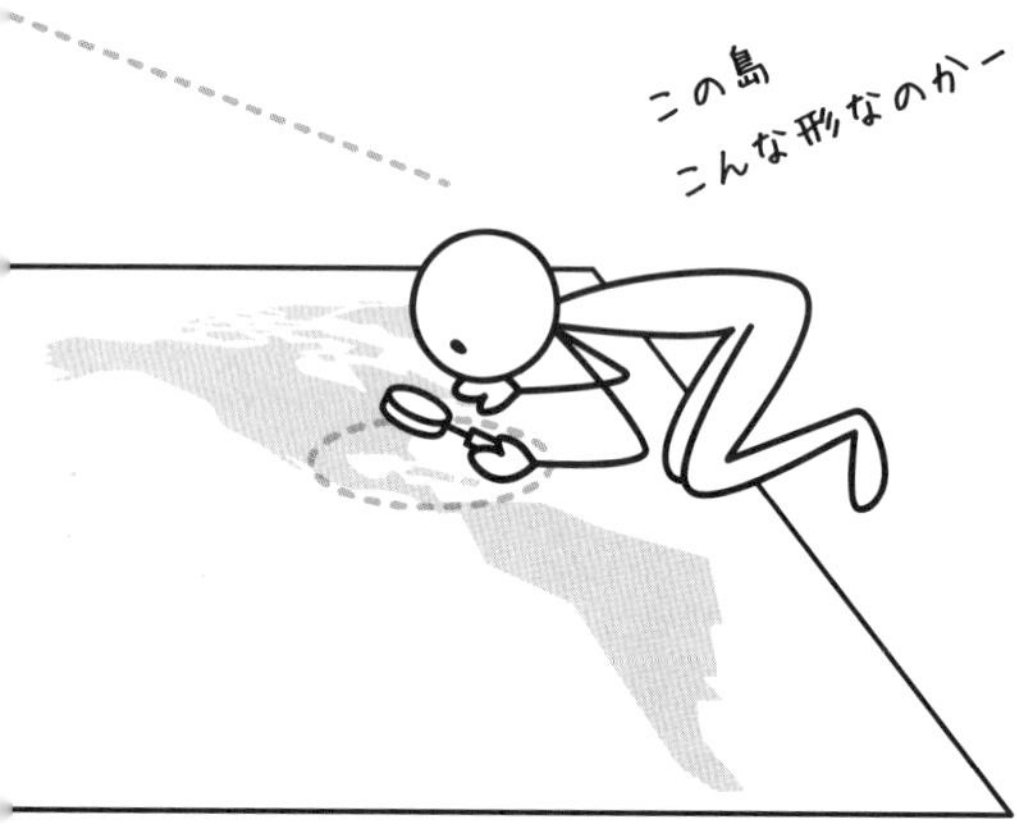

【微視的】

●もともと英語の〈micrscopic（ミクロスコピック）〉は、自然科学の用語で、肉眼で見えない微小なものの様子を言う言葉でしたが、そこから転じて、〈物事に接近してできるだけ細かく見ること〉を意味するようになりました。

●「分析」（→P38）するときには、ものの見かたは自然に「微視的」になります。

●細かなところを見ることができますが、「微視的すぎる」と言えば、細かすぎて全体が見えなくなっているというマイナスのニュアンスも含まれます。

巨視的

遠くから全体を把握すること。

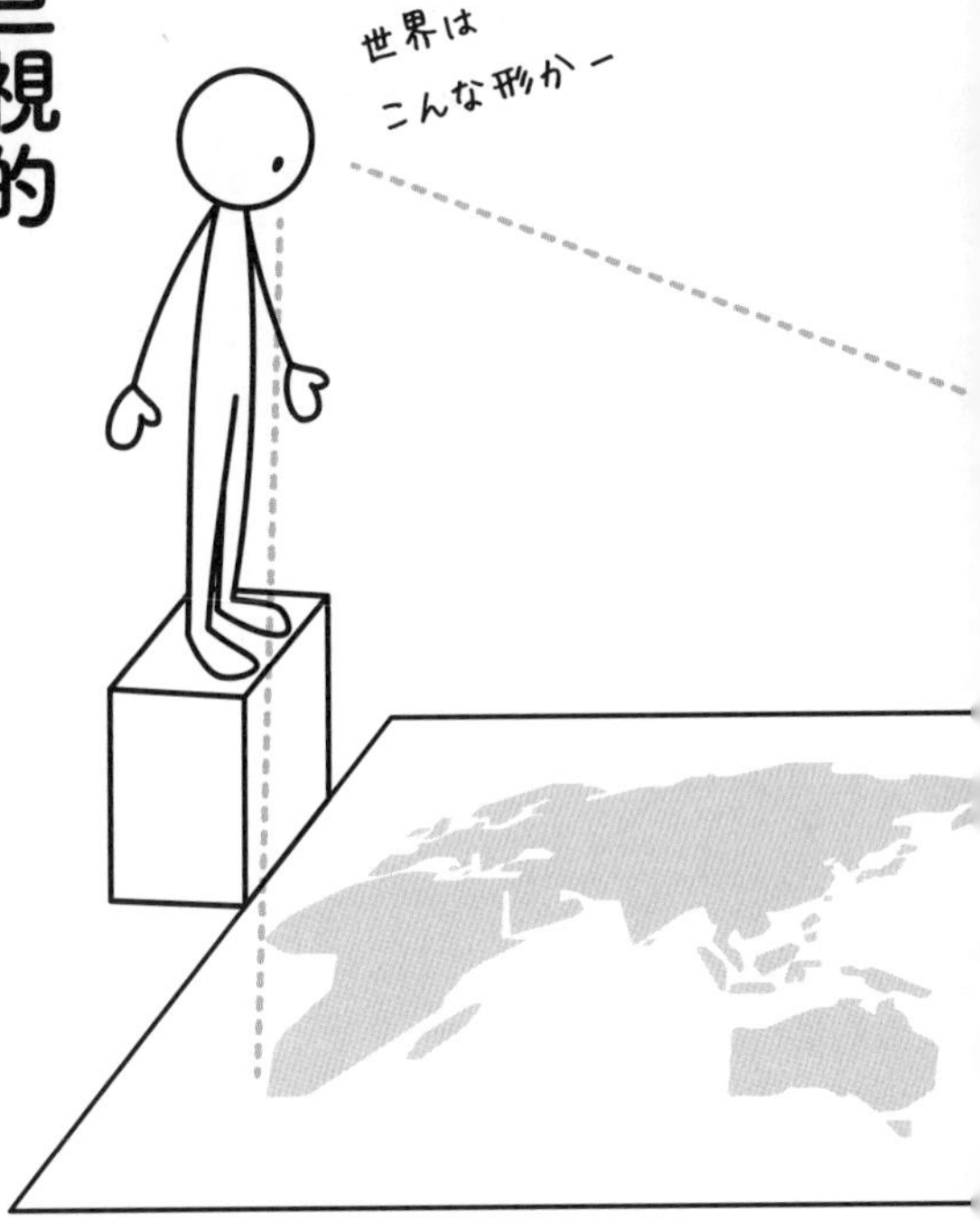

【巨視的】

● もともと英語の〈macroscopic（マクロスコピック）〉は、自然科学の用語で、肉眼で観察できるものの様子を言う言葉でしたが、そこから転じて、〈物事を大局的に捉えること〉を意味するようになりました。

● 「**総合**（↓P39）的」なものの見かたということもできます。

用例

微視的に見れば一軒一軒の家は異なっているが、**巨視的**に見ると街全体の風景に溶け込んで違和感はない。

逆説

一見したところ矛盾しているが、よく考えると正しい言説。

●英語の「**パラドクス**」の訳語です。「パラドクス」の語源となったのは、「期待に反する」という意味の古代ギリシャ語です。

●ことわざには、逆説的な表現が多くあります。「急がば回れ」「負けるが勝ち」「ただより高いものはない」など。

●たとえば「科学技術の逆説」とは、「科学技術はそもそも人間の生活を豊かにするための道具だったはずなのに、現在ではかえって逆に、人間の生活を脅かしている」といった事態を指します。

●評論文では「逆説」は頻用されますが、「矛盾」といった程度のシンプルな意味で用いられることもあります。

●「しかし」「けれども」「だが」などの「逆接」とは異なります。混同しないよう注意してください。

用例

清潔を心掛けるあまり、菌に対する抵抗力が弱くなるとは**逆説**的だ。

関連語・派生語

皮肉……→P92
反語……→P93

ジレンマ

二つの相反する事柄の板挟《いたばさ》みになること。

●「ジレンマ（ディレンマとも書きます）に陥《おちい》る」とは、二つある選択肢の、どちらを取っても良くないことが起こるので、身動きがとれなくなる（板挟みになる）ことを言います。

●たとえば、目の前に美味しそうなシフォンケーキがあるとき、「食べると太っちゃうな」「でもガマンするのは辛すぎる」という形で板挟みになることがジレンマです。

●絵で表した暴走する列車の行先が二つに別れていて、どちらかを選べば必ずもう一方が犠牲になる、という「暴走列車の問題」はジレンマの有名な例です。

用例

友情をとるか恋愛をとるかの**ジレンマ**に悩まされる。

二律背反

互いに矛盾する二つの命題が、同等の妥当性を持っていること。

●ドイツ語の「アンチノミー」の訳語です。たとえば、「宇宙は有限である」という命題と「宇宙は無限である」という命題は、どちらか一方が正しく他方が間違っているように思えます。しかしドイツの哲学者カントによれば、この二つの命題は、どちらか一方が正しいのではなく、どちらも同じくらいの妥当性を持っています。

●逆に言えば、人間の**理性**（→P127）ではどちらが正しいと軍配を上げられないような問題を、「アンチノミー」と呼ぶのです。「魂は死滅するか不死か」といった問題も、人間の理性では正誤の決着をつけられないという意味で、典型的な「二律背反」です。

用例

コストの削減と品質の向上とは、一見したところ**二律背反**の関係にある。

ちょっとずつ
わかってきたぞ

人間

意識

人間の内面において、なにかが知覚・認識されている状態。

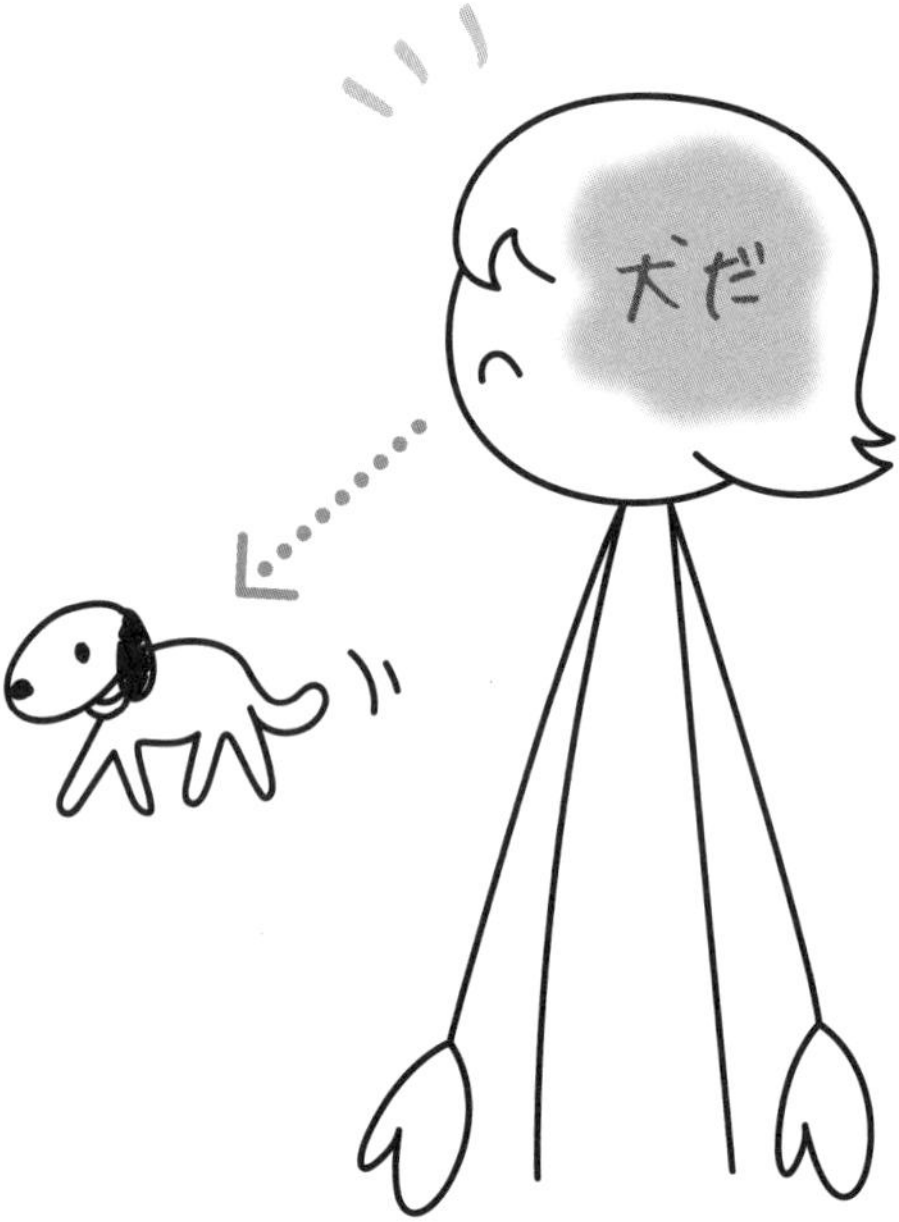

【意識】

●「意識」とは、「なにかを明確に感じたり理解したりしている」という心の状態を指しています。

●目の前の犬を「犬」として見ているとき、そこに「意識」が働いているのです。

●「意識」には、それを働かせる**主体**（→P35）と、それが向けられる**対象**（→P35）があります。

用例

病気をすると、それまで何とも思わなかった健康のありがたみが**意識**されるようになる。

自己意識

自分自身に対する意識。自我。

【自己意識】

●「意識」は、犬や他人といった外界に向かうこともあれば、自分自身に向かうこともあります。「わたしって、なんてダメなんだろう」と嘆くとき、そこに「自己意識」が働いているのです。

●「自意識」と言ってもほぼ同じ意味ですが、「自意識が強い」「自意識過剰」というような使われ方をすることが多く、この場合は〈必要以上に自分のことを考えすぎている〉というネガティブな意味になります。

用例

動物は一般に**自己意識**を持たないため、鏡に映った自身の姿を自分だと認めることができない。

無意識

明確に意識されることがないまま、人間の言動に影響を与える意識下のうごめき。

【無意識】

●「無意識」のとらえかたは人によってさまざまですが、いずれの場合においても、意識されることのない心的内容が、人間の言動に影響を与えているという点では一致しています。

●無意識に接してきた原風景（幼いころの体験からのイメージのうち、風景の形をとって現れたもの）によって、景色を見た時に懐かしさを感じたり、さまざまな事物の好みが分かれたり、芸術・文学・映画などへの共感や感動が生じたりするといったことが例にあげられます。

用例

彼は自分の犯した罪を反省しようとしても、それが意識的だったのか**無意識**的だったのか、自分でもわからなかった。

コンプレックス

無意識に関わる、複雑に屈折した感情。

あなたに似て
成績優秀ね！
成績表
パパは
尊敬してる
けど…
ママには
パパよりも
僕のことを
ほめてほしい

【コンプレックス】

●フロイトは「エディプスコンプレックス」という**概念**（↓P63）を提唱しました。男の子は母親に愛情を抱き、父親に憎しみを抱くとする複合感情のことです。

●なにものかに対する複雑な「劣等感」という意味で用いられることもあります。

用例

彼は、自分の家が裕福でなに一つ不自由しなかったということにむしろ人知れず**コンプレックス**を抱いていた。

関連語・派生語

アンビバレント：↓P68

エゴイズム

利己主義。自己中心主義。
つねに自分のことを第一に考えること。

お前のものはオレのもの
オレのものはオレのもの！

【エゴイズム】

●他人の都合や利害よりも、つねに自分の都合や利害を優先させて考えることを「エゴイズム」と言います。単純に「わがまま」「自己チュー」と考えてかまいません。

●個人に対してだけでなく、集団に対しても使います。「日本のエゴイズム」と言えば、他国を配慮せず、日本が自らの国益だけを追求する姿勢を指します。

用例

夜中に電話をしてきて、なぜ自分に彼女ができないのかと訴える彼は、自分の**エゴイズム**に気づいていない。

ナルシズム

自己愛。自分のことを大好きな状態。

【ナルシズム】

●古代ギリシャ神話で、水面に映った自分の姿に恋をしたナルキッソスという若者の話がもとになっています。

●「エゴイズム」が、他者との関係のやりかたで自分を優先させるのに対して、「ナルシズム」は、自分しか見えていない状態です。したがって、「閉鎖性」といったニュアンスをともなって論じられることが多い言葉です。たとえば、「日本はナルシズムから脱け出せ」という主張は、『美しい日本』といった自画自賛に閉じこもるのではなく、自国の現状を**客観視**（↓P35）しつつ、国外の問題に目をむけよ」といった問題提起だと考えられます。

用例

人と話をしているときも手鏡をのぞき込んでいる彼女の**ナルシズム**には、こちらが恥ずかしくなってくる。

自律

自分で自分のルールを作ること。

夏休み中
毎日30分
ジョギング
する
やるぞー！

【自律】

●「律」は、「法律」「規律」といった言葉からわかるように、「ルール」という意味です。したがって「自律」とは、自分で自分のルールを作り、自分で**主体的**（→P35）にそれを守るということを指しています。

●同音の「自立」と混同しないようにしてください。

関連語・派生語

自立：他に依存せず、自分の力で立っていること。「ルール」のニュアンスがない点が、「自律」との違いです。たとえば、「経済的自立」などという形で用います。

他律

他人が作ったルールを受け入れる／押しつけられること。

夏休み中毎日30分
ジョギングすること
えー…

【他律】

●「他律的なありかた」は、ネガティブなものとして描かれることが多いです。

●ただし、人間は一人では生きられない以上、つまり完全に「自律的なありかた」をつらぬきとおすことが不可能である以上、「自律」と「他律」をいかに調和させるかが問題になるという考えかたもあります。

用例

教育の目的は、子どもを**他律**的な状態から次第に**自律**的存在にしていくことにある。

アイデンティティ

自己同一性。自分らしさ。
他人とは違う自分の特性。

疎外

①排除／のけものにすること。
②本来のありかたを失っているさま。

【アイデンティティ】

●「自分が自分であることの根拠」などと、しかつめらしく説明されることもありますが、要は「自分らしさ」のことです。

●「Xがなくなれば／変化すれば自分ではなくなる」の「X」にあたるものと考えることもできます。たとえば、年齢や性別や国籍や母語、あるいは容姿や記憶などが大きく変化してしまったら、自分を自分と感じにくくなるでしょう。したがってそれらはアイデンティティとなりえます。

●「アイデンティティ」は個人に関わるだけでなく、集団についても言われます。たとえば「日本人のアイデンティティ」など。この場合は、「日本人らしさ」ととらえればよいでしょう。

用例

確固とした**アイデンティティ**を見出せない人間は、その社会において**疎外**されていると言える。

【疎外】

●①の意味は、「本来所属しているはずの／所属してもいいはずの集団からのけものにされている」ということです。たとえば「クラスで疎外される」は「クラスで仲間はずれにされる」という意味になります。

●②の意味が重要です。たとえば、「現代は人間疎外の時代である」などと言われます。人間は本来、自由な存在であるはずです。しかし現代の労働の現場などにおいては、厳しい管理と監視のもと、働く人たちがまったく自由を奪われた状態に陥っていることが往々にして存在します。この場合の「人間疎外」とは、「本来自由であるはずの人間が、不自由な状況に押し込められているさま」を指しています。

●②の意味の「疎外」は、本来の「〜らしさ」を失っているという意味で、「アイデンティティ」を奪われている状態だと考えることもできます。

ア・プリオリ

そもそもの最初から具《そな》わっていること。
生まれつき持っている性質。

【ア・プリオリ】

●元はラテン語で、日本語では「先天的」「**先験的**」などと訳されます。

●「先験的」という言葉は、「なんらかの経験を積む前に、あらかじめ存在しているさま」を指します。

●たとえば人間の赤ちゃんは、周囲の大人が話しているのを聞いているうちに、誰に教えられずとも自然と言葉を発するようになります。これは赤ちゃんに「言葉を話す能力」が生まれつきインストールされているからです。つまり、「言葉を話す能力」は、人間にとってア・プリオリな能力です。

●「ア・プリオリ」は、対義語である「ア・ポステリオリ」との関係で意味をつかむことが重要です。

ア・ポステリオリ

経験を通して身につけられていくこと。

しゃべるのは
簡単なのに…
漢字を書きなさい
（た）べる
べる

【ア・ポステリオリ】

●元はラテン語で、日本語では「後天的」「経験的」などと訳されます。

●「経験的」とは、「なんらかの経験を積んだ後で、ようやく得られる」ということを指します。

●たとえば人間の赤ちゃんは、「言葉を話す能力」はア・プリオリに持っていますが、英語なのか日本語なのか中国語なのかといった「どの言葉を話すか」は、生まれた環境における経験に完全に左右されます。したがって、「どの言葉を話すか」は前もって赤ちゃんにインストールされておらず、経験によって決まるア・ポステリオリな性格を持ちます。

用例

熱さを感じるのは**ア・プリオリ**な感覚だが、ストーブに触ると熱いというのはあくまで**ア・ポステリオリ**な知識である。

啓蒙《けいもう》

無知な人びとに、正しい知を与えること。

みなさん！
外にはもっと
素晴らしい世界が
広がっています

●「啓蒙」の「蒙」は、「無知蒙昧《もうまい》」という四字熟語からもわかるように、「無知な者」という意味を持ちます。「啓」は「啓《ひら》く」と読むことからわかるように、正しい方向に導くことです。

●「啓蒙」には、〈知を持っている者が持っていない者に、自らの正しい知を分け与える〉というニュアンスがあるので、ややもすれば「上から目線」なものにもなりがちです。「ご啓蒙、ありがとうございます」などといった言いかたには、**皮肉**（→P92）がこめられているかもしれません。

●17～18世紀のヨーロッパで、神学に代わり、人間の理性（→P127）の普遍（→P30）性を説くことで、民衆を教化しようとした思想を「啓蒙思想」といいます。

用例

薬物乱用の危険性に関する**啓蒙**活動を、メディアを通じて行っていかねばならない。

関連語・派生語

ヒューマニズム：→P135
人間中心主義：→P135
合理性：→P126
理性：→P127
近代：→P108

観念

頭のなかにある考えやイメージ全般。

概念

現実の事物を、言葉で写しとったもの。

理念

理想。理想のイメージ。

【観念】

● わたしたちの頭のなかには、たとえば友人のイメージがあります。そうでなければ道の向こうからやってくるのがその友人だと識別できません。また、いろいろな言葉も頭のなかに入っています。そうでなければこの本を読むことはできません。家までの帰り道や、飛行機のチケットの買いかた、スマホの使用法、外国語の単語、数学の公式、「平和を守るべきだ」という考え、そうしたものをすべてひっくるめて「観念」と呼びます。

● 「頭のなかの考えやイメージ全般」が「観念」なので、「観念」の対義語は、「頭の外に存在するもの」ということになります。したがって、「現実」「事実」「肉体」などが「観念」の対義語となりえます。「観念的な考え」とは〈現実離れした考え〉というネガティブな意味になることもあります。

用例

あいつはいつも遅刻ばかりして、まるで時間の**観念**がないかのようだ。

【概念】

● 「概念」とは、まずは「言葉」である。そう大まかにとらえておきましょう。たとえば「人間は概念によって世界を理解する」とは、「人間は言葉によって世界を理解する」ということです。

● 「概念」は、「言葉の意味内容／定義」という意味でも使われます。たとえば「人間の概念は〈理性的動物〉である」とは、「人間という言葉の意味／定義は、〈理性を持った動物〉ということである」ということを指します。

● 英語の「コンセプト」の訳としても「概念」は用いられます。その場合は、「アイディア／発想」といった意味になります。たとえば、「この都市開発計画の概念は、『多文化主義』（→P139）です」などと言う場合を想定してください。

用例

このたび発表された新車は、これまでの自動車の**概念**を変えるほど斬新なものだった。

【理念】

●「観念」は、「頭のなかの考えやイメージ全般」だと説明しましたが、「理念」はその一部です。理想は現実のなかには存在せず、頭のなかにしかありません。

●「平和の理念」などと言われているときは、「いまだ実現されていない平和という理想」ととらえておきましょう。

用例

あの会社には基本的な**理念**がないので、すぐにころころと方針を変える。

関連語・派生語

観念的：現実の観察よりも、頭のなかの考えやイメージを先行させているありよう。「観念」の対義語が「現実」「事実」などだったことを思いだしてください。

観念論：頭のなかにあるイメージの世界が、人間にとってなによりも根源的だという立場。また、「それは観念論にすぎない」などと言われる場合は、「それは現実には通用しない机上の空論だ」というネガティブな意味を含んでいる場合があります。

実在論：実際に存在している事物が、頭のなかの観念に先行した、より根源的なものだという立場。哲学の歴史は、「観念論」と「実在論」の対立の歴史だともとらえられます。

情念：感情のこと。古代ギリシャでは、強い情念のことを「パトス」と呼びました。英語の「パッション」の語源です。「パトス」の対義語である「**ロゴス**」は「論理（→P67）／言葉」という意味で、英語の「ロジック」の語源です。

倫理

人として守り行うべき道。
善悪の判断において、普遍的な規準となるもの。

●「倫」という漢字の旁《つくり》である「侖」は、「順序だてる」という意味の字形です。偏《へん》の「にんべん」はもちろん「人間」という意味なので、「倫」は「人々の秩序正しい関係」を指す漢字です。

●**「道徳」**や**「モラル」**と意味的にほぼ重なると考えてかまいません。善く生きるとはどういうことか、善い行いとは、悪い行いとはどういうものかを考える領域を、「倫理」や「道徳」と呼びます。

●「倫理」と「法」は、ともに善悪を弁別し、悪を裁きますが、「倫理」の裁き手が内面の良心であるのに対して、「法」は裁判所など外部の強制力が裁き手となる点で異なります。

用例

あの会社は業績はすごいが、裏でライバル会社の足を引っ張る、**倫理**にそむくことを平気で行っている。

関連語・派生語

論理：考えや物事を進めていく筋道。英語のロジックの語源は、ギリシャ語で〈理性／言葉〉を意味する「**ロゴス**」です。倫理と論理は字面も似ていますが、倫理は「善悪」、論理は「正誤」を考えるものです。

アンビバレント

両面価値。同じ対象に対して、同時に相反する感情を抱くさま。

まだ入試
来てほしく
ない
入試早く
終わって
ほしい
11

●「愛憎半ばする」という言葉がありますが、そうした状態が「アンビバレント」の典型です。

●〈愛しているのに憎んでいる〉という一見矛盾した状態は、ありえないように思えるかもしれません。でもたとえば、「近づいてきてほしくないが、あまり遠くへ離れられても困る」といった、思春期の若者の親に対する感情もアンビバレントな心情です。アンビバレントな心情は**特殊**（↓Ｐ31）どころか、むしろ誰にでも見られる**普遍**（↓Ｐ30）**的**なものです。

用例

「怖いもの見たさ」というのは一種の**アンビバレント**な感情である。

関連語・派生語

二律背反：↓Ｐ45

社会／文化・言語

イデオロギー

主義・主張。その人の考えかたや行動を規定してしまうような、強い思いこみ。

いや！
社会はこうでなくては
ならないのです!!
こういう社会が
あっても…

- 「イデオロギー」は、非常に複雑な意味を持つ語ですが、ひとまず「強い思いこみ」として、その核心をとらえておきましょう。
- 「強い思いこみ」の「強い」とは、その人のものの考えかたや行動を一つの方向に決めてしまうほどの「強さ」だと考えてください。
- たとえば「全体主義」は、国家や民族といった「全体」のためには個人の自由や生命など犠牲にしてかまわないと考えるイデオロギーです。たとえば「全体主義」体制化で教育された子どもは、親が食卓で国家方針を批判しているのを聞いて、迷いなく親を警察に密告することもありえます。
- 人びとにイデオロギーを植えつける装置の典型は、家庭や学校や**メディア**（→Ｐ122）などです。
- 政治的な主義・主張の多くが典型的なイデオロギーと言えます。ただし政治と直接関わりがなくても、当人の考え方や行動を縛ってしまうような思い込

関連語・派生語

パラダイム：科学技術の領域において、ある時代に支配的なものの見かたを指します。パラダイムは時代とともに変化します。たとえば、中世の「天動説」というパラダイムは、近代になって「地動説」というパラダイムに書き換えられました。

観念：→Ｐ62

ステレオタイプ：→Ｐ101

みはイデオロギーになりえます。たとえば、言動のはしばしに「男性のほうが女性よりえらい」という態度がにじんでしまう人は、「男尊女卑」というイデオロギーを持っていると言えます。

用例

現代社会では、「市場の自由競争によってすべてが決められるべきだ」という、「新自由主義」と呼ばれる**イデオロギー**が声高《こわだか》に主張されている。

正統

正しいと公的に認められている考え／ありかた。

【正統】

●「権威によってお墨《すみ》つきがついている」ような考えやありかたのことです。たとえば、「教会によって正しいとお墨つきがつけられた説」などが「正統」にあたります。

●同音の「正当」と混同しないようにしてください。

【異端】

●権威や伝統によって正しいと保証された「正統」から外れた考えやありかた、あるいは「正統」に逆らう考えやありかたを指します。

●「異端」は往々にして「正統」の側から差別され、迫害される危険にさらされます。たとえば中世の「異端審問」は、教会によって「正統」ではないと見なされた考えを奉じる人びとを厳しく責めさいなむ苛酷な制度でした。

異端

正しいと公的に認められていない考え／ありかた。

私の
信じる神は
違うんだ
おい、なんで
ちゃんと
聞かないんだ！
素晴らしい
お話ですよ！

用例

中世のヨーロッパでは、教会が**正統**とされる教義を決定し、それ以外の教義を唱える者を**異端**として攻撃した。

関連語・派生語

正当：法的／論理的に正しいと見なされること。たとえば、誰かに危害を加えられそうになったときに抵抗する「正当防衛」は、法的に認められている権利です。「正統防衛」とは言いません。

コスモス

秩序だったありさま。

【コスモス】

●古代ギリシャ語由来の言葉です。「宇宙」という意味もあります。

カオス

混沌とした／混乱したありさま。

【カオス】

- 「コスモス」と同じく、古代ギリシャ語由来の言葉です。
- カオスは「無秩序」を意味するので、基本的にはネガティブな意味で用いられます。
- ただし、現在では「世界の予測不可能性」を示す「カオス理論」が提唱されています。ここでの「カオス」にはネガティブな意味はありません。

用例

あらゆる秩序が失われた**カオス**で生きるのは困難なため、人間は周囲に秩序を与えて自らの住まう**コスモス**を作ろうとする。

マジョリティ

社会や集団における多数派。

【マジョリティ】

●どれほど均質な社会や集団も、それぞれ異なる人間によって構成されている以上、多様な差異が存在します。そうしたなかでも、多くの者に当てはまる属性を共有する集団を「マジョリティ」と言います。

●たとえば、日本という国のなかでは、多くの人は日本語を母語としています。日本においては日本語話者が「マジョリティ」です。

【マイノリティ】

●「マジョリティ」と反対に、社会や集団のなかで少数の人間にしか当てはまらない属性を共有する人々を「マイノリティ」と言います。

●重要なのは、多数派である「マジョリティ」が自分たちを「普通」「スタンダード」だと感じ、少数派の「マイノリティ」を「異常」「アブノーマル」と感じて、疎外（→Ｐ56）したり差別したりする危険があることです。

マイノリティ

社会や集団における少数派。

用例

社会において多数派をしめる**マジョリティ**は、自分たちの常識を当然の前提として、少数派である**マイノリティ**に押しつけがちだ。

関連語・派生語

中心⇔周縁：文化論では、社会や文化の「中心」となる存在や権威や価値観を、そこから遠く離れた「周縁」にある**異端**（↓Ｐ73）の存在やマイナーな価値観がかき乱し、変革すると論じられることがあります。たとえば、大人たちが王の権威をはばかって言えなかった真実を、そうした価値観から遠く離れた子どもが「王様はなんで裸なの？」と問いかける「裸の王様」は、そうしたダイナミズムを**寓意**（↓Ｐ95）したものです。

共時的

ある一つの時点における、異なる地点での事象の様子。

【共時的】

● 英語の〈synchronic〈シンクロニック〉〉から来ています。「シンクロする」などと言うように、〈同時〉というのが元の意味です。

● 異なる場所で、同じときになにが起きているかに注目する言葉です。

● それで、地理的・空間的な広がりが意識されています。

通時的

ある一つの地点における、異なる時間での事象の様子。

【通時的】

- 英語の〈diachronic〈ダイアクロニック〉〉から来ています。
- 同じ場所で、時間の変化とともに物事がどう変わるかに注目する言葉です。
- それで、歴史的・時間的な広がりが意識されています。

用例

同じ時代の日本とイギリスの服装を比べる視点は**共時的**であり、日本の服装が時代によってどう変わったかを見る視点は**通時的**である。

有機的

部分同士が生き生きとつながりあい、生命感にあふれているさま。

【有機的】

- 英語で「有機的」は「オーガニック」と言います。「オーガン」とは「臓器」を意味するので、「有機」が生命と深い関わりを持つ語であることがわかります。
- たとえば、「自然との有機的な関係を取り戻そう」という呼びかけは、「いまや失われつつある、自然との生き生きとしたつながりを取り戻そう」という意味になります。
- このように「有機的」は、基本的にはポジティブな意味合いで用いられます。

無機的

生命感が感じられず、バラバラなさま。

【無機的】

●「有機的」と対比的に、主にネガティブな文脈で用いられます。たとえば、「砂を噛《か》むような孤独な生を強《し》いる無機的な大都会」といった具合です。

用例

花が蜜によって虫を誘惑し、寄ってきた虫たちに花粉を運ばせるという**有機的**な営みは、石ころどうしの**無機的**な関係には見られない。

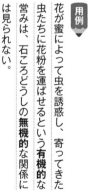

自然

山や川や木や動物など、人間と人間の手の加わったものを除いた、この世のあらゆるもの。物のありのままの状態。

【自然】

- 「人為」「人工」の対義語ととらえると、うまく「自然」という語のニュアンスをとらえられます。典型的には、深い山の奥や野生動物などの、人間の手が加わっていない存在あるいは状態が「自然」と呼ばれるのです。
- ただし、人間の手が加わっていない「自然」とされながらも、実は人工的な側面を持つものも少なくありません。
- たとえば「自然そのまま」をかかげたオーガニック野菜は、造り手が大変な手間をかけて栽培しており、だから高い値段で売られる商品となるのです。「自然」は時代や社会によって変化していく**多義的**（↓Ｐ15）で**相対的**（↓Ｐ22）な**概念**（↓Ｐ63）だと言えます。

人為

人間の手が加わっている状態。人間の行為。

【人為】

● 「人工」とほぼ同義語で、「自然」と対立するものとして用いられます。

● ただし、人間も広い意味での自然の一部である以上、「人為」と「自然」を単純に対立させることはできないという考えかたもありえます。

用例

手つかずの**自然**は、人間の手が加わった**人為**的な環境とは区別されるが、現代の世界においては**人為**とは無縁な**自然**はほとんど残っていない。

形《けい》而《じ》上《じょう》

精神的なもの。形のないもの。

【形而上】

- しばしば「形而上的」という形で使いますが、これは英語の〈metaphysical（メタフィジカル）〉から来ています。〈meta（上に）〉＋〈physical（物質の、身体の）〉で〈物質・身体より上の存在＝精神的なもの〉という意味になります。
- 物質や身体を超えた存在として、「精神」ばかりでなく「魂」や「神々」なども含まれます。

【形而下】

- 「形而下的」は英語の〈physical（フィジカル）〉から来ており、これは「物質の、身体の」という意味です。
- ですから「物質的」「身体的」と言ってもほとんど意味は変わりません。「形而上」との対で用いられます。
- 「身体」や「物体」だけでなく、「俗世」「日常」といった意味でも使われます。

形而下《けいじか》

形のあるもの。感覚で捉えられるもの。

用例

人間は、現実の世界を超えた**形而上**的な思考にふけりつつも、同時に目の前の食べ物といった**形而下**の欲望にも引きつけられる両義的（↓P14）な存在だ。

関連語・派生語

抽象：↓P25。明確な姿形を持たないという点で、「形而上」と意味が重なります。

具体：↓P24。明確な姿形を持つ（＝体を具《そな》えている）という点で、「形而下」と意味が重なります。

ヒエラルキー

階層秩序。集団における上下関係。

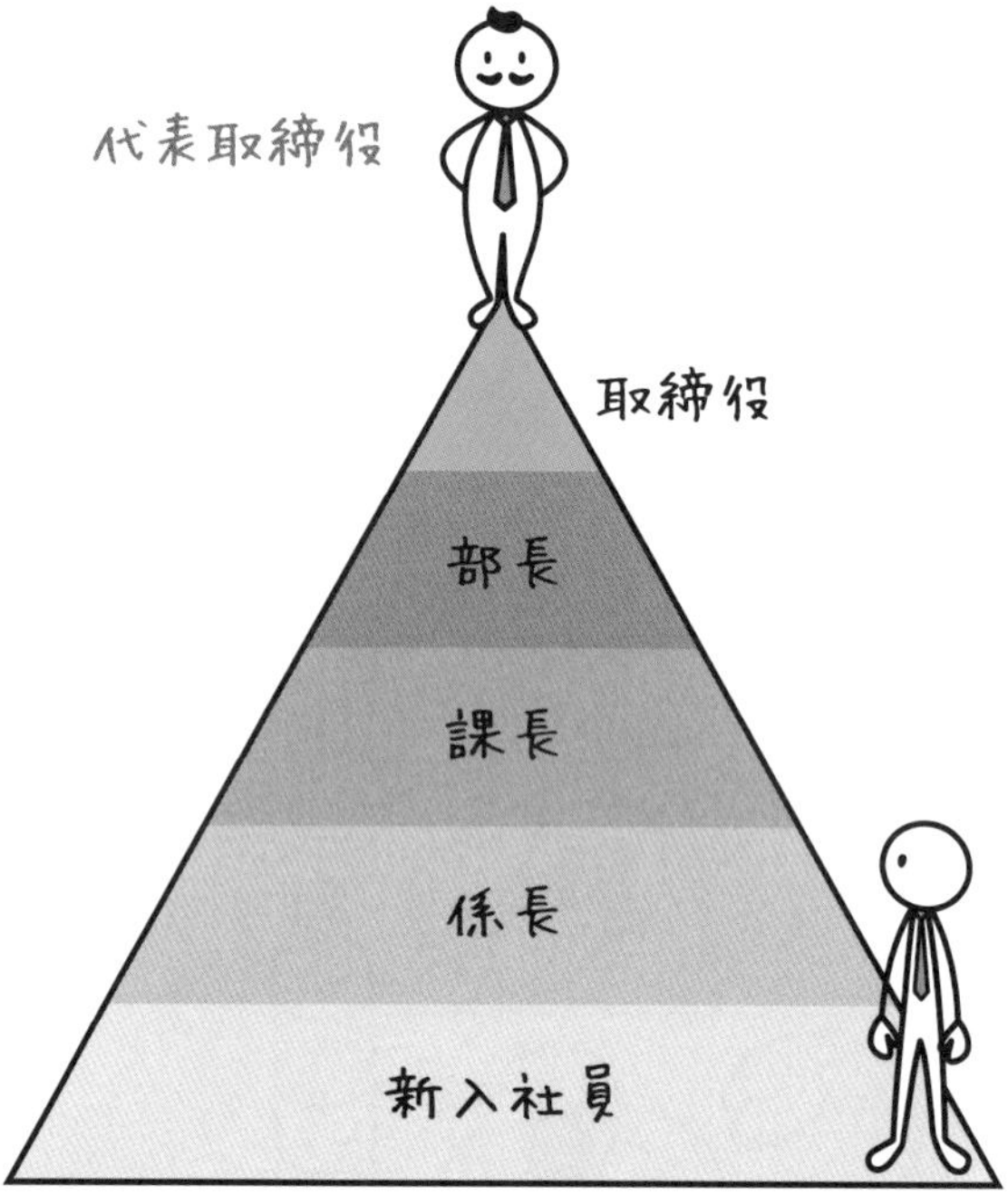
代表取締役
取締役
部長
課長
係長
新入社員

●組織のなかの〈序列／上下関係〉を指して使う言葉です。

●似た言葉に「カースト」がありますが、こちらは本来、生まれたときに定められていて、個人の努力では変えられない階層を意味します。一方、ヒエラルキーは流動的で、別の階層への移動がありえます。

●ですから、「スクール・カースト」という最近の言葉は、「スクール・ヒエラルキー」と言うべきもののはずですが、定着してしまいました。ただ、「ヒエラルキー」と「カースト」の差は覚えておきましょう。

用例

ほとんどの会社には、上は社長から下は新入社員にいたる、ピラミッド型の**ヒエラルキー**が存在する。

体系

部分同士が関連しあってでき上がった全体。

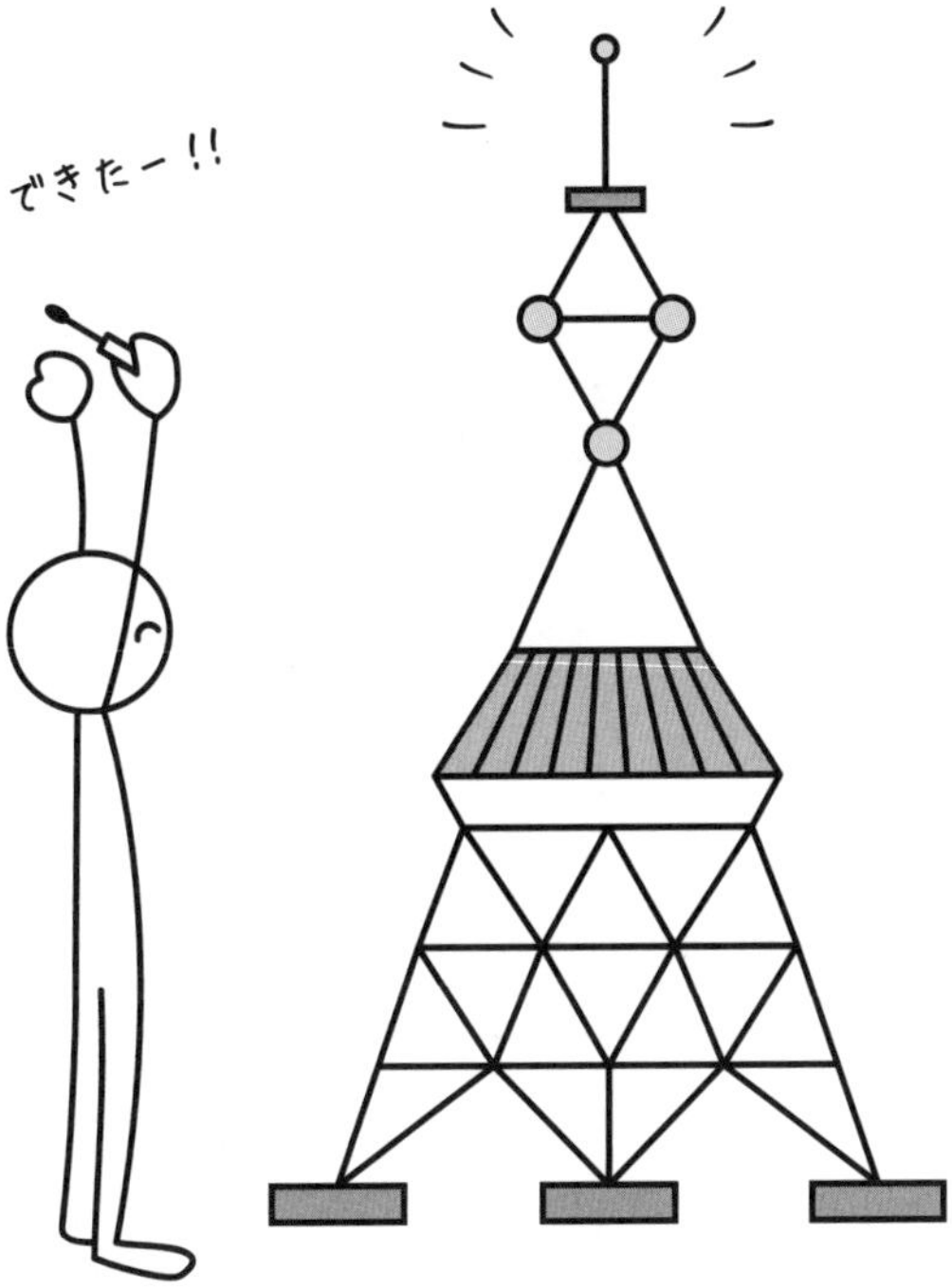

●英語の「システム」の訳語です。「システム」とは、部分同士が緊密なつながりを保ちながら、全体として有効な機能を生み出しているもののことを指します。

●たとえばシステムキッチンは、蛇口やシンクやガス台など多様な部分が機能的に組み合わさって一個の全体をなしています。サッカーのシステムも、多様なポジションが**有機的**（↓P80）に連係して、一つにまとまったチームを作るために導入されるものです。

（↓P80）

用例

さまざまな形のブロックをうまく組み合わせて、大きな建物を作ろうとする子どもの遊びも、**体系**／システムを志向する欲望のあらわれと言える。

分節化

世界を言葉によって意味のまとまりに分けること。

●言語論では頻出の重要語です。言語論が否定するのは、「世界のなかに別々のものとして存在する事象に、ラベルを貼るように名前をつける」という常識的な言語観です。言語論は、「そもそも連続的で切れ目のない世界に、言葉が切れ目を入れ、意味のまとまりを生み出す」と考えます。

●よく挙げられるのは虹の色の例です。日本語では虹は七色ととらえられますが、英語では六色、ドイツや中国では五色ととらえられるのが**一般**（→P30）的です。もし虹がもともと七色に分かれているのなら、どの言語でも七色ととらえるはずです。だから発想を逆にしなければなりません。それぞれの言語が、それぞれ別のしかたで虹を分別し、色を生み出しているのです。

●それぞれの言語が、それぞれ違う記号を用いて世界を分節化していることを、「言語の恣意《しい》性」と言います。

お兄さんかな？
弟さん？
Hi !
Nice to meet you.

用例

英語の小説の「My brother said OK.」という文を、「わたしの兄あるいは弟がオーケーと言った」と直訳すると不自然な日本語になるのは、両言語の**分節化**の違いが関係している。

関連語・派生語

恣意《しい》：勝手気ままなさま。確かな根拠がないさま。たとえば「恣意的な結論」と言えば、「確かな根拠がない、いいかげんな結論」といったネガティブな意味になります。

レトリック

言葉を巧みに用いて効果的に表現すること。

うわ〜…
あんなこと
よく言えるなあ
あなたはまるで
春の女神がつくった
美しい花のようだ
まあ…

- 訳語は「**修辞**」です。「レトリック」の語源は「雄弁術」を意味する古代ギリシャ語の「レトリケー」です。
- たとえば「雨が激しく降っています」は、いわばスッピンの言葉です。これに**比喩**（↓P94）を加えて「バケツをひっくり返したような激しい雨が降っています」とすれば、言葉に化粧をしたような効果が生じます。**比喩**は代表的なレトリックです。対句や倒置法や**象徴**（↓P96）などもレトリックの一種です。
- 「巧言令色鮮《すくな》し仁（巧みな言葉を用い、表情をとりつくろって人に気に入られようとする者は、思いやりや慈《いつく》しみが欠けている）」という成句からもわかるように、「レトリック」にはマイナスの評価が与えられることもあります。「彼は言葉だけは上手だ」などという非難を思いおこせば、そうしたニュアンスが了解できるはずです。

用例

巧みな比喩をちりばめた**レトリック**を駆使して人に取り入ろうとする者は、口先だけの人間として警戒されることも多い。

関連語・派生語

象徴：↓P96
寓意：↓P95
オノマトペ：擬音語（物音を言葉でまねた語：ワンワンなど）や擬態語（事物の様子を言葉で写し取った語：クネクネなど）。
隠喩（**暗喩**／**メタファー**）：直喩（明喩）と異なり、「ようだ」「みたいな」などの語を用いずに、たとえるものとたとえられるものを直接結んだ比喩。「彼女はバラだ」などがその例。直喩で言い換えれば「彼女はバラのように美しい」となります。

アイロニー／皮肉

① 遠回しの悪口を言うこと。
② 目的や予想と異なる結果が生じること。

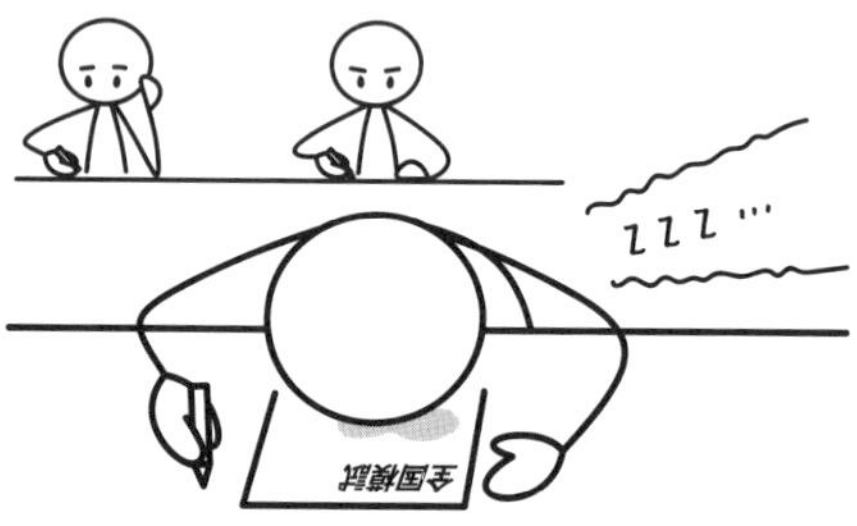

【アイロニー／皮肉】

● ①の意味が日常ではよく使われます。「あの人は皮肉ばかり言う」と評される人は、意地悪な当てこすりをよく口にする嫌な人だと非難されているのです。

● 評論文では②の意味が重要です。「歴史のアイロニー」と言われる事態は、たとえば、悪政を布《し》く王様を追放したために、かえってもっとひどい世の中になってしまったということなどを指します。

用例

前日に徹夜で勉強したと豪語して自信満々でテストにのぞんだ彼が、試験時間中に寝落ちしてしまうとは、**皮肉**な結果としか言いようがない。

関連語・派生語

逆説：→P42

反語

反対のことを言って、真意をほのめかすこと。

スターマックスカフェ
ばえばえ
SNS映えするカフェ始めちゃいました！
すごーい!! 最先端のセンスですねえ！ 誰も思いつきませんよ！

【反語】

- たとえば、自分が大きなミスをしたとき、誰かが「天才だな。わたしにはこんなこと思いつかないよ」などと言う場合を想定してください。
- 「皮肉①」と同様の意味で用いられることもあります。

用例

「あなたなんか大嫌い！」という相手の言葉を、「実は自分のことが大好きなんだな」と**反語**で解釈することは、悲惨な結果を生みかねない。

比喩／メタファー

なんらかの類似性や近接性によって、あるものが別のものを示すこと。

- 「比喩」も「メタファー」も、〈あるものを別のもので表現する技術〉を言います。
- 「メタファー」は「比喩」のなかでも特に「**隠喩（暗喩）**」（→P91）だけを指して言う場合もあります。
- AがBの比喩となっているときに、両者の間には因果や類似などなんらかの明らかな関係があり、はじめて見る比喩でもその結びつきを理解することができます。この点で「**象徴**」（→P96）と異なり、「比喩」は比較的自由にどんどん生み出すことができます。たとえば、「絵のように美しい景色」や「彼のやり口はまるでハイエナだ」など。

用例

「月見うどん」という素晴らしいネーミングは、丼映えする黄色いタマゴを、夜空に映える満月の**比喩**としてとらえる鋭いセンスが生み出したものだ。

関連語・派生語

寓意：ある意味を、直接には表さず、別の物事に託して示すこと。たとえば、イソップ寓話（＝寓意を用いた話）の「アリとキリギリス」は、〈働かざる者食うべからず〉ということを、アリとキリギリスに託して示しています。「寓意」は英語で〈allegory（**アレゴリー**）〉と言います。

象徴／シンボル

決まりごとによって、抽象的なことがらを具体的なものが示すこと。

- **抽象**（→P25）的な事柄を**具体**（→P24）的なもので表す場合に用いられます。
- また、〈全体を代表する〉という意味で用いられる場合もあります。
- AがBを象徴するとき、両者の間には、必ずしも形の類似や因果関係はなく、AとBとの関係はすぐにはわかりません。この点で、「**比喩**（→P94）」とは異なります。
- たとえば「十字架がキリスト教を象徴する」という場合、なぜそうなるのかを理解するためには〈キリストが十字架上で死んだ〉という知識が必要です。

用例

「平和」という抽象的なものを「ハト」という具体的なものが**象徴**することは、現実のハトの攻撃的な性格を考えると、少し不思議に感じられる。

虚構

現実ではない、つくりごと。

●英語の「フィクション」の訳語です。「つくりごと」という意味ですが、たんなるウソというより、組み立てのある複雑なつくりごと、というイメージです。代表的な例は小説や映画です。

●対義語は、「現実」「事実」「真実」「ノンフィクション」などです。

用例

つくりごとである虚構よりも、より巧みに仕組まれたように感じる現実を目にしたとき、人は「現実は小説より奇なり」とため息をつく。

関連語・派生語

フェイクニュース：本来ニュースには、信頼に足るソースやエビデンスが不可欠です。しかし現代社会においては、特にネット上などで、虚偽の情報に基づいていたり、根拠がなかったりする言説が、「ニュース」として流布されています。それらを「フェイクニュース」と呼びます。英語の「フェイク」は「でっちあげ」といった意味です。

ポスト・トゥルース：**客観**（→P34）的な事実より、虚偽であっても個人の感情に訴えるもののほうが強い影響力をもつような、現代の社会状況を指して言われます。

神話

根拠はないが、一般に信じられている考え。

●「神話」とは、そもそも神様が出てくる話ということですが、評論文では、**客観**（→P34）的根拠はないのに、多くの人に正しいと思われている説／考えといった意味で用いられます。

●たとえば「テクノロジーの神話」。これは、「テクノロジーはどこまでも進歩し、そのことによって人類の幸福は増大していく」と信じられている事態を指します。核爆弾の開発もテクノロジーの発展の一環だったことを考えると、こうした「神話」に根拠がないことは明らかですが、多くの人はいまでも漠然とこの「神話」を信じています。

用例

「イワシの頭も信心から」と言われるが、現代においても、確かな根拠がないのに多くの人が信じこんでいる**神話**には事欠かない。

ステレオタイプ

決まりきった言い回しや発想。紋切り型。

●「ステロタイプ」とも言います。「ステロタイプ」とは、かつて同一の文章を大量に印刷するために使用された鉛版の名前です。ここから「決まりきった言い回し」という意味が生まれました。

●たとえば、「夏は受験の天王山」といったスローガンは、受験に関わる者なら誰もが同じようなことを口にするという点で、典型的なステレオタイプ／紋切り型と言えます。

用例

トウガラシは赤ければ赤いほど辛いという**ステレオタイプ**を持っていると、青いトウガラシの激烈な辛さに仰天することになる。

リテラシー

読み書き能力。与えられた材料から必要な情報を引き出し、活用する能力。

●もともとは「文字を読み書きする基本的教養」という意味ですが、現代ではそこから意味が拡張され、「社会生活において必要となる能力」という意味で用いられます。

●とりわけ現代の情報化社会では、多様な**メディア**（→P122）がもたらす情報を鵜《う》呑《の》みにして右往左往するのではなく、自分でその正確さや重要性を評価する能力を指して言われることが多いようです。

用例

ネットで検索したりＡＩが提出した答を鵜呑みにするのではなく、それが正しいかどうかをきちんと自分で調べる**リテラシー**を身に着けたいものだ。

カタルシス

内面のわだかまりを放出し、心を晴れやかにすること。

●もともとは医学用語で、体内の悪い物質を体外に出す治療法を意味しました。たとえば、腹痛の際に下剤によってお腹のなかのものを排出させたりする方法です。

●それが精神的な面にも使われるようになり、たとえば悲しいときにあえて悲しい映画を観たり悲しい音楽を聴いたりすることでスッキリすることを言うようになりました。

用例

ギリシア悲劇に関してアリストテレスが言ったように、悲しい映画を見て涙を流すことは、心にわだかまっていたモヤモヤを解消する**カタルシス**の効用がある。

よし、評論文もかなり
読みやすくなってきた！

近代

前近代

科学革命、産業革命、市民革命より前の社会。
中世までの社会。

● 「前近代」は、大きく三つの特徴で押さえておくと便利です。
①宗教の権威が強い。宗教的な原理によって世界の成り立ちやしくみを説明した。
②産業の中心は農業。ほとんどの人々が農民として、生まれ育った土地に縛りつけられながら働いていた。
③身分制が社会の基本的なしくみ。身分や家柄によって人生のコースがあらかじめ決まっていた。

● 「前近代」は、基本的に社会の変化がゆるやかで、人々の時間感覚も、一方向に向かって進歩していくといったものではなく、同じサイクルが年単位、人生単位でいつまでも繰り返されていくといったものでした。

● 「前近代」においては、人々はイエやムラといった**共同体**（→P112）のワクの内部で生きていました。

● 次で説明する「近代」との対比で論じられることが多いと覚えておきましょう。

用例

多くが農民として生きた**前近代**の人びとは、宗教の教えや身分／家柄などによって、たどるべき人生のコースをあらかじめ決められていた。

近代

十七世紀の科学革命、十八世紀の産業革命・市民革命以後に西洋に現れた社会。

●「近代」も大きく三つの特徴で押さえておきましょう。

①世界を説明する原理として、**客観**（→Ｐ34）的真実を追求する科学が重視されるようになった。さらに科学を基盤にした技術＝テクノロジーが、自然や世界を人間に役立つように作り変えていくようになった。

②都市に集まった人びとを労働者として雇い、工場で働かせることによって、工業が急速に進展した。また、社会を円滑に回すためにお金が不可欠となり、**資本主義**（→Ｐ110）が発達した。

③フランス革命などの市民革命によって身分制が打倒され、誰もが自由で平等な個人／市民とされた。それら市民たちによって「**市民社会**」（→Ｐ114）が形成された。

●「近代」は、「前近代」に比してはるかに変化の激しいダイナミックな社会となりました。また、人々の時間感覚も、昨日より今日、今日より明日という不断の「進歩」をめざすものに変化しました。

●「近代」は、西洋が起源だということも重要です。非西洋は、西洋との接触において（往々にしてそれは西洋による植民地化をともないました）、「近代」というものにはじめて触れ、それを一から学んでいったのです。

●日本も同様に、幕末期に西洋近代と接触し、明治以降に西洋を模倣する形で近代化を進めていきました。

用例

西洋に始まった**近代**化は、科学の発達や産業化の進展、個人主義の主張などを大きな柱としつつ、全世界に広まっていった。

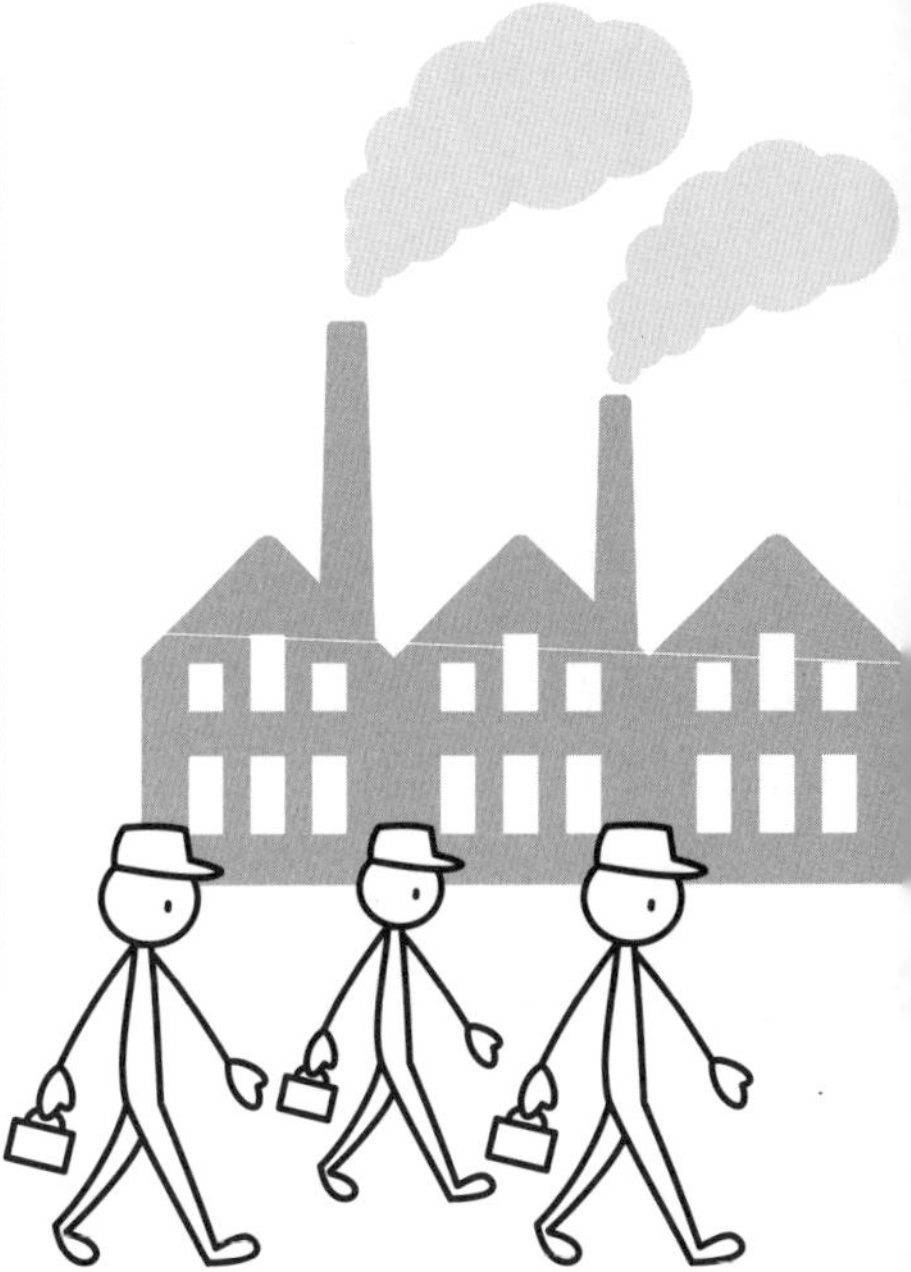

関連語・派生語

プレモダン：前近代。

モダン：近代。

ポストモダン：近代の後の時代、現代。その特徴として、情報化が進んだ「情報化社会」という側面や、大衆が多様な消費文化を享受する「大衆消費社会」という側面が強調されることがあります。

国民国家：→P116

資本主義

利潤の追求を目的として自由に競争する経済のありかた。

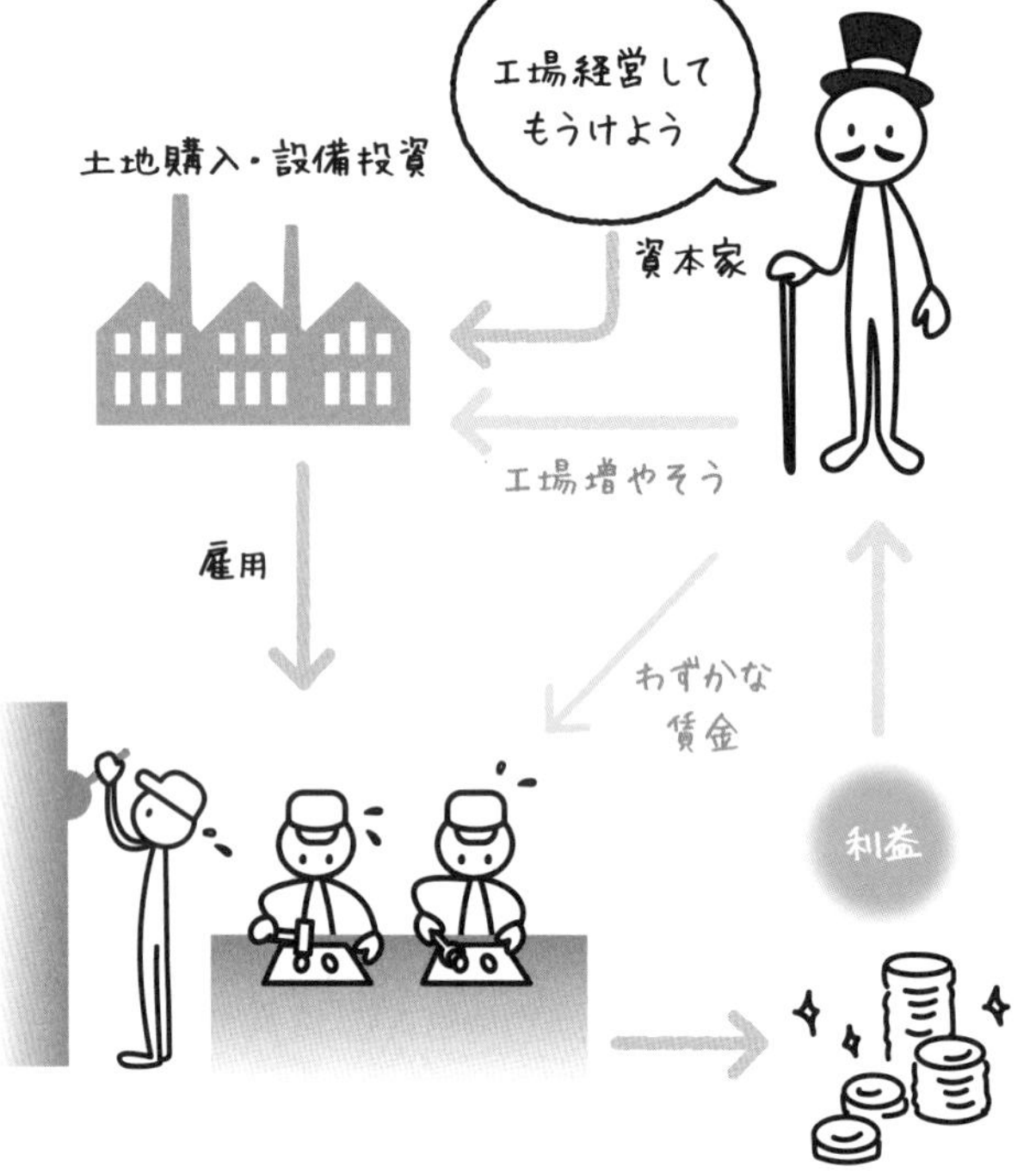

【資本主義】
- 「資本」とは、さらなる利益を求めるときに必要となるお金のことです。
- 資本主義社会においては、財産や生産手段の私有が前提となります。
- 資本家は自らの生産手段を用い、労働者を雇って労働させ、そこから利潤を得ます。
- 産業革命によって大量生産が可能になることで、生産手段を持つ資本家に利益が集中するようになりました。

関連語・派生語

プロレタリアート：労働者。無産階級。自らは生産手段を持たないため、資本家に雇われて賃労働をする者たち。

社会主義

国家による計画的なコントロールを通じて平等を実現しようとする経済のありかた。

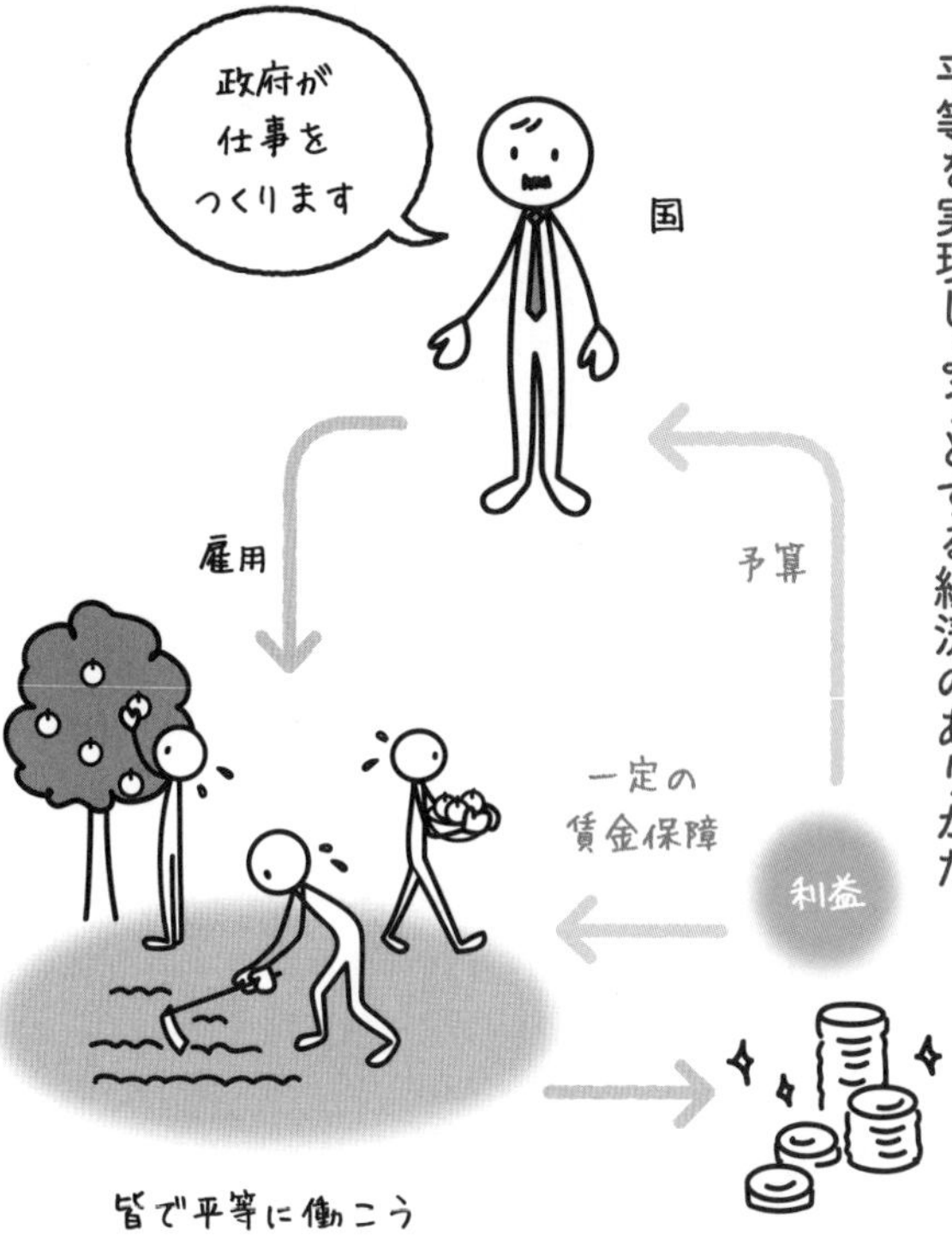

政府が仕事をつくります
国
雇用
予算
一定の賃金保障
利益
皆で平等に働こう

【社会主義】

●自由な個人よりも「社会」を優先しようとする考え方です。

●私有財産を制限し、生産手段を労働者が共有して、計画経済によって貧富の差をなくそうとします。

●私有制を完全に排した理想的な平等を目指すことを**共産主義**といいます。

●社会主義や共産主義を唱えた国はありますが、それらを理想的なかたちで実現できた国はありません。

●社会主義も共産主義も、資本主義により貧富の格差が拡大したことに対して、カール・マルクスという人が唱えたものです。

共同体

生まれながらのつながり／親密なつながりによって結ばれた人間集団。

●人間は他の人間と集団を作らなければ生きていけませんが、最も原型的な集団は、血縁で結ばれた集団です。つまり、「家族」が「共同体」の原型です。

●血縁以外にも、生まれ育った土地が同じという地縁で結ばれた集団も、典型的な「共同体」です。〈血縁＝イエ〉、〈地縁＝ムラ〉と考えてもいいでしょう。

●「共同体」は、自分の意志ではどうにもできない、生まれながらのつながりによって結ばれた集団ですから、みな顔見知りで、親密度は高い。しかし規模は小さく、成員やルールなどの変化に乏しいものになります。

●イエやムラ以外にも、高い親密度を保っている集団のことを「共同体」と呼ぶことがあります。たとえば、学校も一つの共同体と言うことができます。

用例

同じ血を引く親戚たちや、同じ土地に生まれた人びとが結びついて生まれたイエやムラといった**共同体**は、小規模だが親密な集団である。

関連語・派生語

封建制：領主が土地とそこに住む人びとを支配する制度のこと。前近代（↓P106）においてよく見られた制度です。評論文ではよく「封建的」といった言葉が用いられますが、「上下関係が固定した古めかしい人間関係が残っているさま」といった意味になります。

市民社会

個々人の自由な選択によって形成された人間集団。

●**近代**（↓P108）になって、「共同体」と異なる新たなタイプの人間集団としてあらわれたのが「市民社会」です。「市民革命」後にあらわれた社会のありようです。

●自由で平等な個人としての市民たちが、個々の利害や思惑にのっとって、自由意志で選びとったつながりによって形作られるのが「市民社会」です。

●「市民社会」は、「共同体」よりはるかに大規模なものとなります。「市民社会」の典型例である大企業や大都市などを見れば了解できるでしょう。また、「共同体」に比べて成員の入れ替わりも激しく、集団のルールなども随時書き換えられるダイナミックな性格を持ちます。

●ただし、「市民社会」は成員間の親密さに欠けることが多く、成員同士は、自分の利害を離れたところでは互いに無関心になりがちです。

用例

個人主義が広まった**近代**においては、それぞれの人間が自分の道を選択し、互いの利益のために契約することが、市民社会を作る際のルールとなる。

関連語・派生語

大衆社会：成員の大多数が、互いに孤立した匿名的な存在と化した社会。「人間疎外」（「疎外」→P56）などと絡《から》めて論じられることがあります。

ポピュリズム：エリートの政治家や官僚による統治を批判し、民衆の声を直接政治にとどけようとする考え。民主主義（デモクラシー）の根本に戻れという主張ともとれますが、既存の議会制民主主義（間接民主主義）の枠組を破壊するような攻撃的な主張ともなりえます。

国民国家

一つの民族、一つの言語、一つの文化を共有する国民からなる国家。

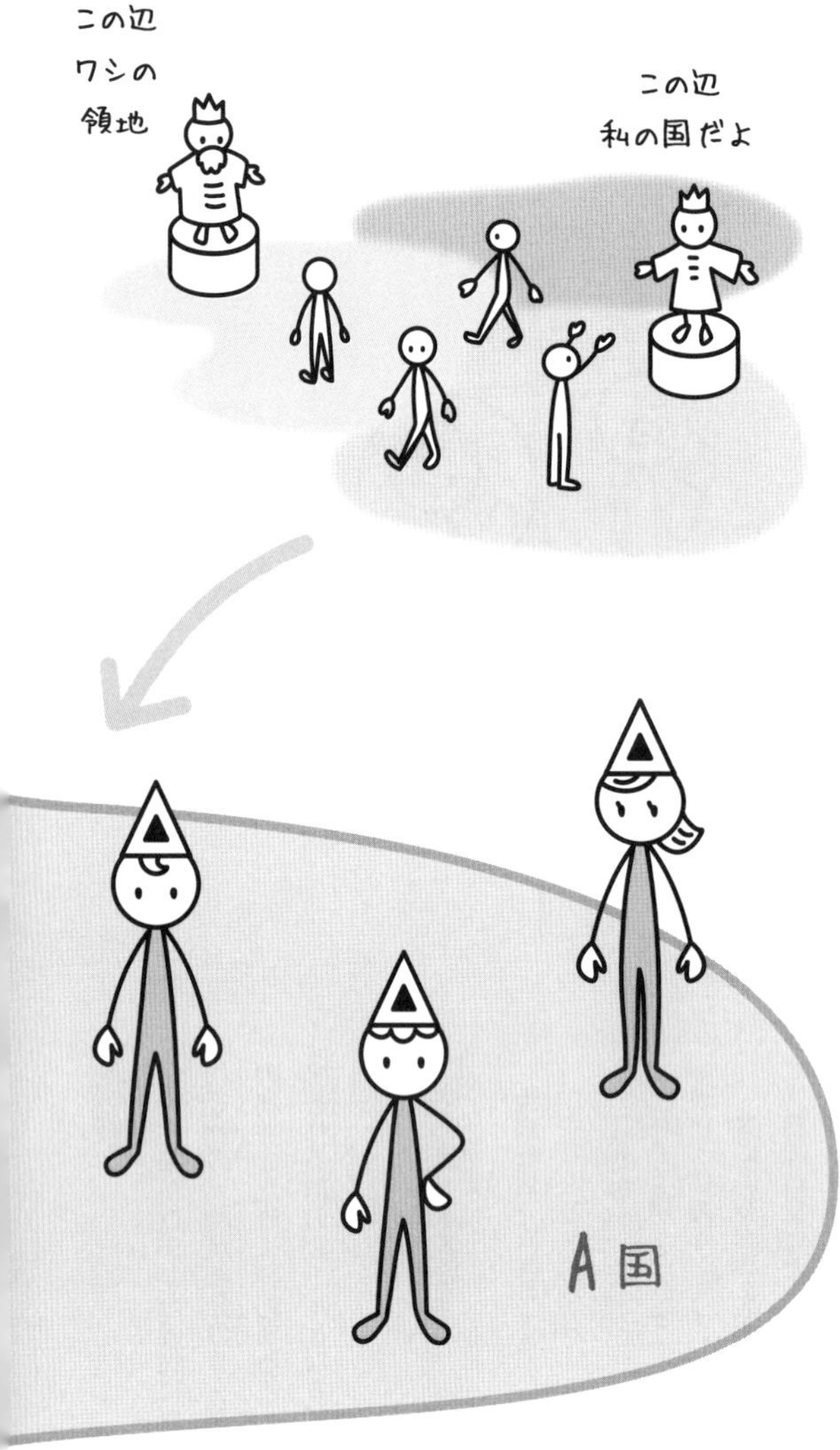

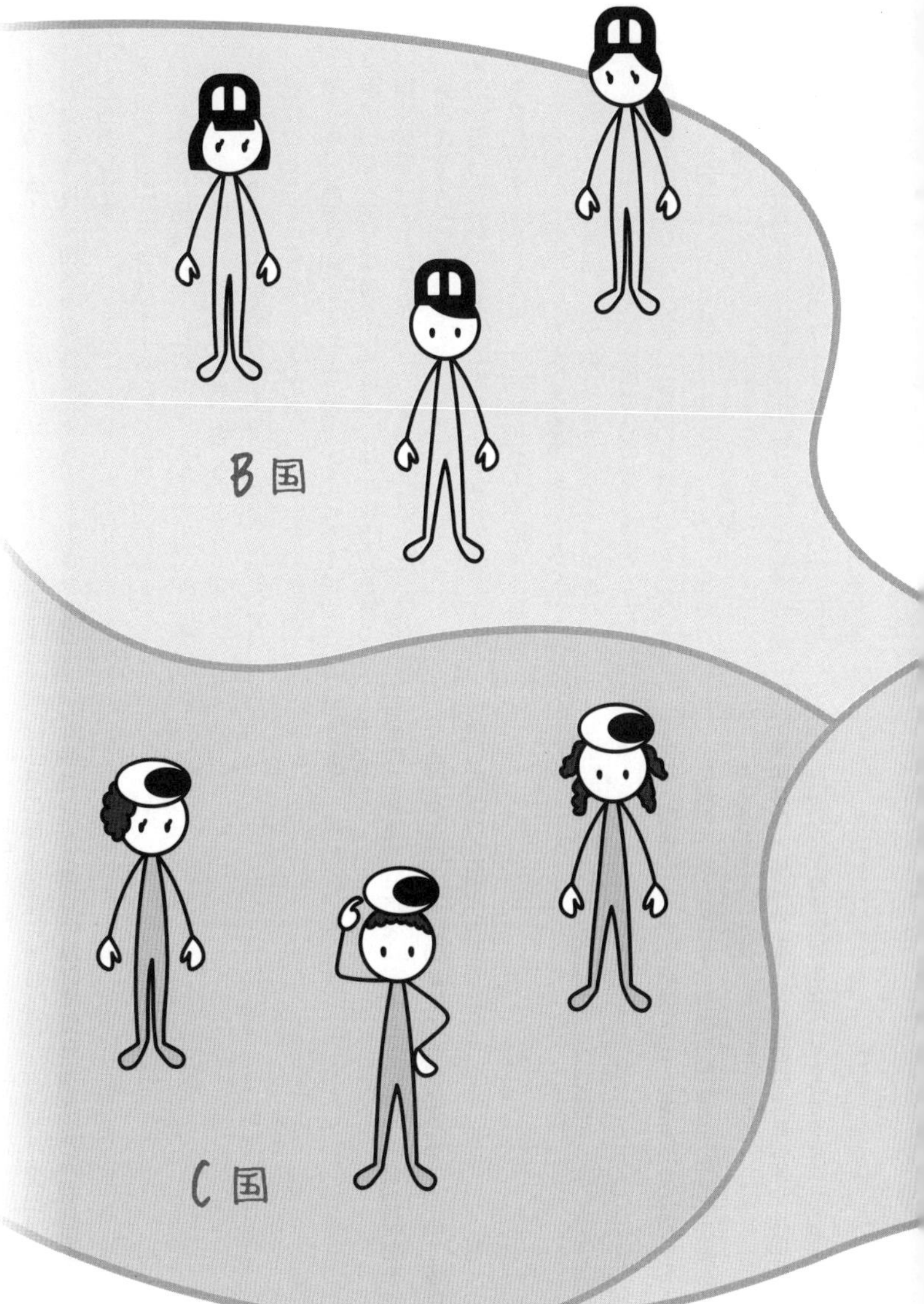
B国
C国

● 英語の「ネーション・ステート」の訳語です。「ネーション」は、「国民」以外に「民族」と訳されることもあります。

● 「国民国家」は、**近代**（→P108）になって西ヨーロッパを中心に出現した、比較的新しい国の形です。それまでの国家は、多くの民族、多くの宗教や文化を包みこむゆるやかな統合体でした。それに対して、**近代**になって現れた「国民国家」は、一つの言語や文化を共有する同じ〈民族＝国民〉によって構成されているので、はるかに均質で、強い統合力を持つ国家形態です。したがって、愛国心といった心情が芽生えやすいと言えます。

● 「国民国家」が、人工的に作られたものだという点も重要です。たとえば、江戸時代の人々には、自分たちが同じ「日本人」だという意識はほとんどなく、実際、各地で言語にも文化にも大きな違いがありました。明治以降、全国的に標準語の教育をほどこし、東京を中心とした一元的な文化の共有につとめることで、「日本」という国民国家が新たに作り出されたのです。

● 内部の均質性が高い国民国家には、二つの危険があります。まず、内部の**マイノリティ**（→P77）に対する排除や差別がなされがちです。また、外部にある他の国民国家に対しては、共通性を見出せない相手として、激しい敵対関係を招くことがあります。

用例

民族や言語や文化を共有する国民が、一つの国家を作りあげるという**国民国家**は、近代になって初めて世界中に広まった国家形態である。

関連語・派生語

主権：国内のすべての事柄に関する最高決定権のこと。他国の干渉を受けず、自国の領域を支配する国家の権力を指しています。

帝国主義／**植民地主義**：自国の領土外の国や地域に、自国の支配権や影響圏を広げようとする政治的態度。

ナショナリズム

愛国主義、国家主義。

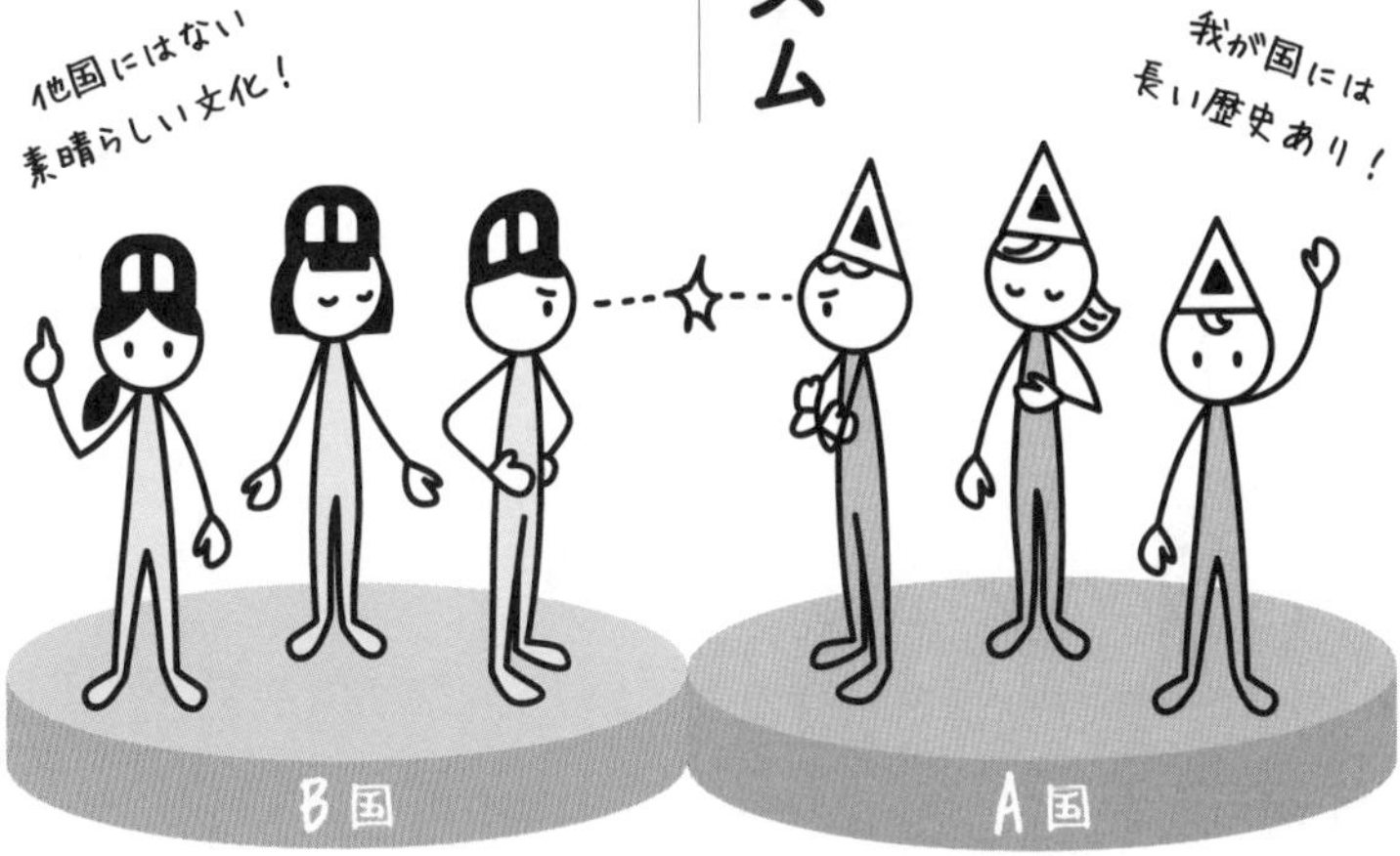

我が国には
長い歴史あり！
他国にはない
素晴らしい文化！
B国
A国

●自分の国を愛し、誇りに思う考え方や立場を指します。

●「この国に生まれ育って良かった」という気持ちは自然なものだとも言えますが、それが「わが国は他の国よりも優れている」とか、「他の国はわが国の意向を尊重すべきだ」という形で強まっていくと、他国との対立を深める要因にもなりえます。

用例

国家に対する誇りや愛情が強くなりすぎると、ナショナリズムは、他の国家に対して攻撃的なものに変わっていく可能性がある。

グローバリゼーション

国境を越えて、ヒト・モノ・カネ・情報が移動する状況。

●アメリカを中心とした西側諸国と、ソ連を中心とした東側諸国が激しく対立し、世界がまっぷたつに分断されていた冷戦が終結した一九九〇年代以降に起こった、世界的な規模の変革です。

●資本主義が高度化し、インターネットなどの情報技術革命が急速に進展した結果、ヒト・モノ・カネ・情報が、国境を越えて大量に移動していく状況が生じました。

●それまで国家がコントロールしていた人口や経済が、国家の制御を離れて自由に流動していくなかで、国家の力が弱まっていく事態が生じています。

●それぞれの国家の内部で育まれてきた言語や文化の多様性が、たとえば国際語としての英語の一人勝ちや、アメリカ発ポップカルチャーの大量流入などによって失われてしまうことへの警鐘も鳴らされています。

●こうした状況のもとで、グローバリゼーションへの反動として、国家の力を再び強めていこうというナショナリ

ズム（↓P119）が生じる場合もあります。

用例

国境線を越えてヒトやモノやカネや情報が移動していく**グローバリゼーション**は、各国のナショナリズムを煽《あお》りたてることもある。

メディア

間に入ってつなぐ媒体。

● 遠く離れた場所のことや、過去の世界のことなどを知るときに、それらと私たちをつないでくれる媒体／手段のことを「メディア」と言います。

● たとえば、新聞やテレビやインターネットは、遠く離れた場所でなにが起こっているのかを、私たちにさまざまな形で伝えてくれます。その意味でこれらは典型的なメディアと言えます。

● 最古のメディアは、言語や文字だと考えることもできます。たとえば、文字があるから私たちは、古代ギリシャの哲学者ソクラテスがなにを語ったのかを知ることができます。

● 現代社会においては、メディアが私たちの生活に非常に深く入りこんでいるゆえの問題が生じています。たとえば、**フェイクニュース**（→Ｐ99）の問題などはその典型です。**リテラシー**（→Ｐ102）が重要になるのはそのためです。

入ったー！
ホームラン!!
おー
すごいなあ
二打席連続
ITTE RASSYAI!

用例

海の向こうの日本人選手の大活躍を同時中継してくれるのは、テレビやインターネットといった**メディア**のおかげだ。

関連語・派生語

マスメディア：大量の受け手（マス）に、同一の情報を伝える媒体。新聞やテレビに代表される。「マスコミ（マスコミュニケーション）」と同じ意味。

ジェンダー

社会的に作られた男性と女性の「性差」のこと。

●社会の中で言われる「男らしさ」と「女らしさ」は、生まれつき男児と女児に備わっているものではなく、社会環境や教育などによって、生後にすりこまれていくと考えられます。こうした「すりこみ」によって作られた社会的な「性差」をジェンダーと呼びます。

●たとえば、親や周囲の人々が男児にブルーのズボンをはかせて「男らしさ」を、女児にピンクのスカートをはかせて「女らしさ」をすりこむといったことを指します。

用例

男なんだから、人前で泣いたらだめだ」という言い方や、「女の子はもっとおしとやかにしなきゃね」という言い方には、無意識に潜む**ジェンダー**的思考がにじみ出ている。

フェミニズム

女性を、あらゆる性差別から解放しようとする立場／運動。

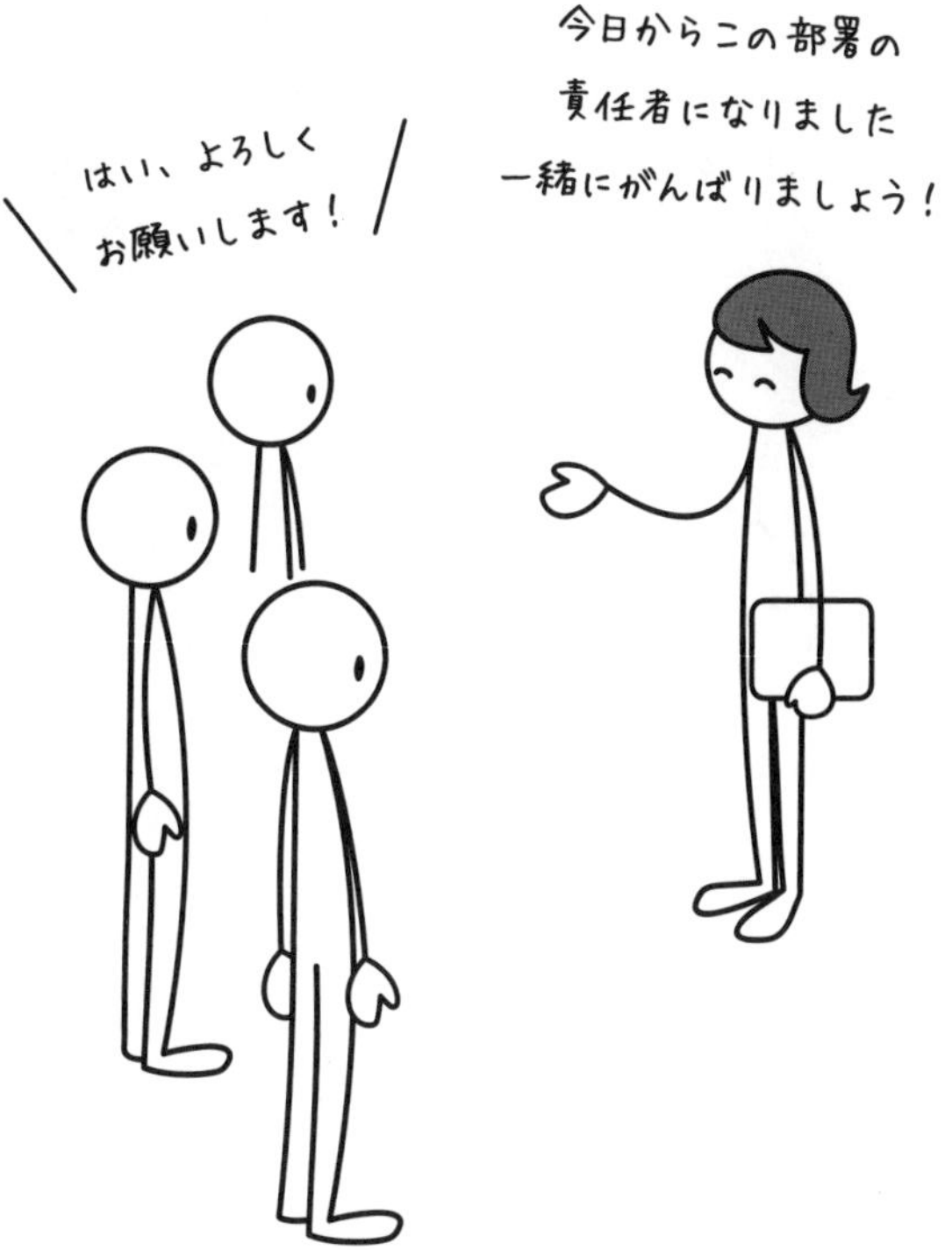
今日からこの部署の
責任者になりました
一緒にがんばりましょう！
はい、よろしく
お願いします！

●男性を中心にして組み立てられた社会において、女性がさまざまな場面で差別され、不利益をこうむっていることを批判し、そうした現状を変革していこうとするのが「フェミニズム」です。

用例

フェミニズムは、女性を差別する社会に、異議を申し立てていくものである。

関連語・派生語

構築主義：現実の事物や出来事は、社会的に作り出された構築物だととらえる立場。「ジェンダー」は、この考え方にのっとった立場です。

本質主義：現実の事物や出来事は、不変の絶対的本質によって規定されていると考える立場。たとえば、男女間の性差は生まれつき決まっていて、変えようがないといった考え方です。

合理性

理にかなっている性質。道理、論理、理屈に合っている性質。

羽つけたら
飛ぶんじゃないかな♪
かっこいいし
こうすれば
燃費もよくなって
さらに
強度も上がるな…

【合理性】

● **論理**（→P67）や理屈できちんと説明できるという性質を「合理性」と言います。

● 科学技術や**資本主義**（→P110）を軸としている「**近代**」（→P108）という時代は、「合理性」を非常に重視する時代だと言えます。

用例

車の安全性を考えるには、あくまで物理学に即した**合理**的な思考が重要であり、物理学を無視した非合理な空想に逃れることがあってはならない。

関連語・派生語

非合理・不合理・不条理：道理、論理、理屈にかなっていない／反している性質。

理性

合理的にものを考える能力。

うわー
やわらかーい♪
ふわふわだ
すごく柔らかそう
だけど球の形が
つぶれてないから
軽いのだろう

【理性】

●「**理性**的動物」という人間の定義があります。人間は、動物のなかで唯一、物事を合理的にとらえる力を持っているということを言ったものです。

用例

理詰めで対象をとらえる能力を理性と呼ぶが、人間は理性だけでできているのではなく、感情や感覚といった理屈で割り切れない感性も持ち合わせている存在だ。

関連語・派生語

感性：「理性」の対義語です。理屈ではなく、身体感覚や思考以前の感情によってものをとらえる能力を指します。

功利主義

あらゆる事物を、それによって得られる幸福や利益によって評価する考えかた。

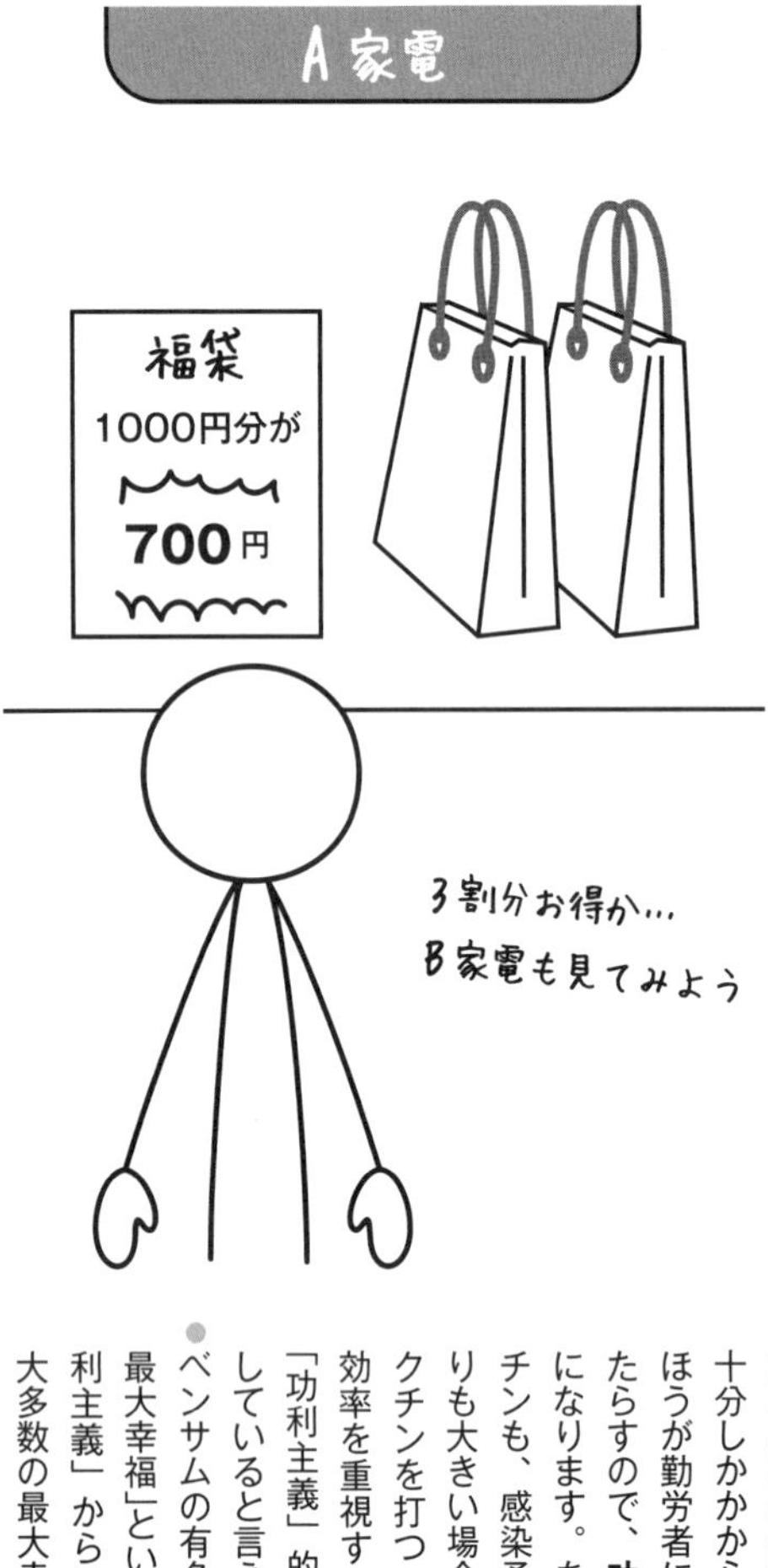
A家電
福袋
1000円分が
700円
3割分お得か…
B家電も見てみよう

●「功利主義」は、イギリスの哲学者ベンサムらによって提唱された考えかたです。人間の行為や、技術開発や、社会のありようなど、ありとあらゆるものを、それによってどれほどの幸福や利益がもたらされるかによって評価しようとする立場です。

●たとえば､通勤に一時間かかる物件と、十分しかかからない物件では、後者のほうが勤労者に多くの幸福／利益をもたらすので、**功利的**に優れていることになります。あるいは、感染症のワクチンも、感染予防効果が副反応の害よりも大きい場合、功利的に考えればワクチンを打つべきだと評価できます。効率を重視する現代社会においては、「功利主義」的な考えかたが深く浸透していると言えるでしょう。

●ベンサムの有名な言葉に「最大多数の最大幸福」というものがあります。「功利主義」から見て最善の社会は、「最大多数の最大幸福」を実現する社会だということです。しかしこの考えかた

B家電

福袋
5000円分が
3000円
こっちは えーと…
4割分安い！
高いけど、お得だ!!

には鋭い批判もあります。多くの人が幸福になるために、一部の人が犠牲になってもいいのか、という問題です。これは、**ジレンマ**（→P44）でみた「暴走列車の問題」にもつながります。

用例

どちらがより多くの利益や幸福を与えてくれるかを**功利主義**的に判断するには、冷静な計算が必要とされる。

パブリック

公共に関わるさま。社会全体に関わるさま。公開されているさま。

市民講座
○○大学教授
○○研究者
私は高校生の時
単身イギリスに渡り…

【パブリック】

●「パブリック」の語源になったラテン語には、「公の／国の／一般の」といった意味があります。「公共性」とは、社会のすべての、あるいは多くの成員に対して開かれているさまを指します。

●パブリックな施設の典型としては、学校や病院が挙げられます。

プライバシー

個人に関わる私的なこと／私生活。それらを他人の視線や干渉から守る権利。

【プライバシー】

●「プライベート」の語源になったラテン語には、「引き離された／孤独な」という意味があります。そこから、「私的な」「秘密の」「内輪の」といった意味が出てきます。

●かつては「プライバシー」の拠点は、個々人の内面や身体、あるいは私生活や親密な交友関係にあると考えられてきましたが、情報化が進んだ近年では、「プライバシー」の拠点は、ネット上に拡散する個人データにあると考えられるようになってきました。個人情報保護の流れは、そうした時代の流れに沿ったものです。

用例

パブリックな場所で講演するときには、自らが人目にさらされるのが前提だが、自宅など私的な場面では、自らのプライバシーは他人の目から守られるべきだ。

近代

リアリズム

芸術の理想を、現実をありのままに写し取ることに見る考えかた。

●**ルネサンス**（→P134）以降の近代西洋芸術において重視された考えかたが「リアリズム」です。「**写実主義**」と訳されます。

●現実をそのまま描くという意味では「自然主義」に近い立場ですが、「自然主義」は芸術上の一派を指し、「リアリズム」はそこで用いられる方法のことを指します。

●絵画を例にとるとわかりやすいのですが、近代西洋の画家たちは、遠近法の技法や油絵具の特性を活かして、写真の発明の前に「写真のような絵」を描こうと努力してきました。こうした傾向は、十五世紀のルネサンスから、十九世紀ころまでつづきます。

●「リアリズム」の**理念**（→P63）は、西洋以外では発達せず、西洋でも**近代**（→P108）以前の時代では見られませんでした。たとえば、日本の浮世絵は「リアリズム」とはまったく別の考えかたで描かれています。日本の画家たちの「リアリズム」は、明治以降に西

洋画と出会うことによって触発されたものです。

●十九世紀後半の印象派以降、「リアリズム」の限界が意識されるようになります。二十世紀以降のピカソらの**抽象画**（→P134）は、近代的な「リアリズム」とは異なる描きかたの模索によって生まれたものだととらえられます。

用例

現実をありのままに描くという**リアリズム**は、近代の芸術において大きな位置を占めてきたが、二十世紀には超現実を追求するシュールレアリスムといった潮流も生まれた。

関連語・派生語

ルネサンス：十四世紀から十六世紀にかけてヨーロッパで展開した、学問や芸術の革新運動。フランス語で「再生」を指します。教会中心の中世的世界観を離れ、ギリシャ・ローマの古典文化の復興と、それを通じた人間性の解放をめざしました。

シュールレアリスム：二十世紀前半に、フロイトの「無意識」（→P50）の影響を受けてあらわれた芸術潮流。現実を超えた非合理なイメージを追求し、芸術の革新を企てました。「超現実主義」と訳されます。

具象画：→P24

抽象画：→P25

独創性／オリジナリティ：「リアリズム」とならんで、近代西洋芸術で重視されたもの。芸術とは、特別の才能を授かった天才によるかけがえのない創造であるという考えがその根底にあります。

現実主義：政治において「リアリズム」は、政治のあるべき姿を求める「理想主義＝アイデアリズム」と対立する、現実を重視すべきだとする「現実主義」を指します。

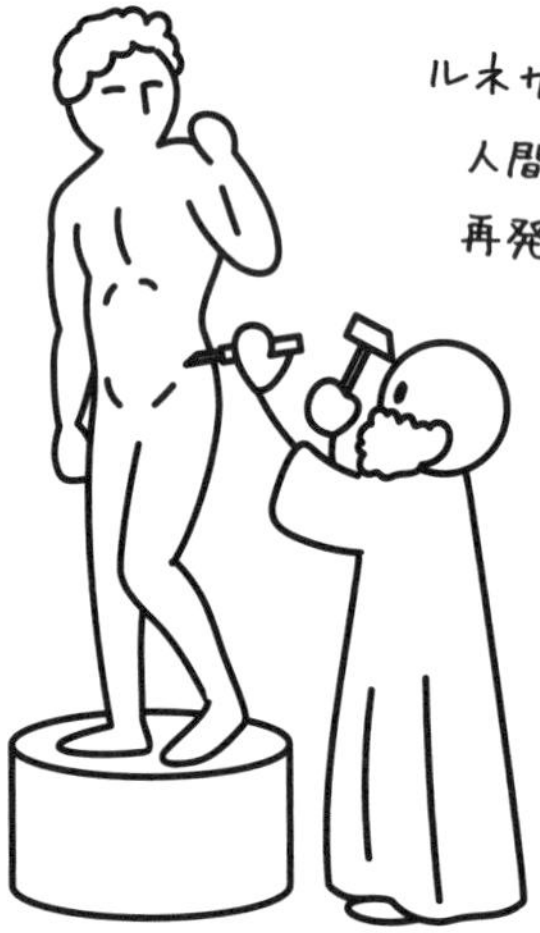

ヒューマニズム

人間性を称揚し、人間の解放を掲げる思想。

こんなことは
許されない！
早くこの人を
解放しなさい!!

「人間主義」「人文主義」などと訳されます。人間の善性を信頼し、理性によって**普遍**（→P30）的な教養を身につけつつ、非人間的な因習や抑圧から人間を自由にしていこうとする考えかたです。

用例

奴隷制度を打ち破ったのは、人間に対する不当な差別や抑圧からの解放を主張する**ヒューマニズム**の功績である。

関連語・派生語

人間中心主義：人間社会の進歩だけを考えるあまり、他の動植物や自然や環境といったものに関心を払わない立場です。エコロジー（自然環境保護）やアニマルウェルフェア（動物福祉）の観点から問題視されることの多い立場です。

ニヒリズム

この世界のなにものにも意味や価値を認めない立場。

何があろうが
無意味なんですよ…
近い未来
巨大なすい星が地球に
衝突する可能性が…

【ニヒリズム】

● 「虚無主義」と訳されます。〈すべてはむなしい〉と考える考えかたです。

● たとえば、多くの人はこの世で最も価値あるものを「人の命」と考えているのではないでしょうか。しかしニヒリズムが極度に達すると、自分の命や他人の命などなんの価値もない、という破滅的な考えに至ることもあります。

● 「ニヒリズム」は、基本的には陥ってはならない立場であり、したがってネガティブなニュアンスで用いられる言葉です。

用例

ニヒリズムは、「人間の生命なんて価値がないよ」といった極端な形をとる危険性をはらんだ考えかただ。

シニシズム

すべてに対して距離を取り、冷ややかで嘲笑的な態度をとること。

【シニシズム】

●「冷笑主義」とも訳されます。〈すべては馬鹿馬鹿しい〉と考える考えかたです。

●たとえば、「プロサッカー選手になる!」という子どもに対して、「一万人に一人の確率もないのに、なれるはずもないよ」とうそぶくのがシニシズムです。

用例

あらゆる理想やそれに向けた努力を、傍観者として冷ややかに眺めやる**シニシズム**を、現代人の病として指摘する論者もいる。

オリエンタリズム

東洋趣味。偏見を裏に隠した東洋への興味。

東洋の素晴らしい文化には
あこがれますねぇ…

- 自らを優れていると見なす西洋（人／文化）が、東洋（人／文化）を劣ったものとして見おろすまなざしのことです。
- 中東やインドや中国など、東洋と呼ばれる地域は多様なはずですが、それらの違いを見ようとせず、すべてひっくるめて「東洋」という**ステレオタイプ**（→P101）でとらえるのも、「オリエンタリズム」の特徴です。
- 表面的には東洋に対する「あこがれ」が口にされますが、それでも根底にあるのは西洋と東洋の優劣関係です。

用例

アメリカ人たちが、日本人を十把《じっぱ》ひとからげに「サムライ」と呼んだりすることの背景には、**オリエンタリズム**があると考えられる。

文化相対主義

文化のタイプは複数あり、諸文化間に優劣はないという立場／考え。

- 文化には、唯一の**絶対**（↓Ｐ22）的なモデルなどは存在せず、どの文化も独自の価値を持っており、優劣の比較はできないという考え方を指します。
- 自分たちの文化を他の文化に比べて優れたものと見なす「自文化中心主義」に対立します。

用例

西洋の文化を絶対視する、オリエンタリズムなどの西洋中心主義を批判する立場として、**文化相対主義**はとらえられる。

関連語・派生語

絶対：↓Ｐ22
相対：↓Ｐ22
多文化主義：ある国や地域の中に、多様な文化が共存している状態を目指す立場／考え。

近代

索引は読者の便宜を考えて後ろ開きの形にし
最後のページからアイウエオ順に並べてあります

索引

＊付きの語は「関連語・派生語」欄や見出し語の説明文中で説明した語です。また、語意のところに出てくる語です。

…… 論理　　…… 人間

…… 社会／文化・言語　　…… 近代

24110